新媒体时代高校思政教育发展探索

麻丽爽 ◎ 著

中国书籍出版社
China Book Press

图书在版编目（CIP）数据

新媒体时代高校思政教育发展探索 / 麻丽爽著. -- 北京：中国书籍出版社, 2024.6

ISBN 978-7-5068-9900-0

Ⅰ.①新… Ⅱ.①麻… Ⅲ.①高等学校—思想政治教育—研究—中国 Ⅳ.① G641

中国国家版本馆 CIP 数据核字 (2024) 第 108493 号

新媒体时代高校思政教育发展探索

麻丽爽　著

图书策划	成晓春
责任编辑	毕　磊
封面设计	博健文化
责任印制	孙马飞　马　芝
出版发行	中国书籍出版社
地　　址	北京市丰台区三路居路 97 号（邮编：100073）
电　　话	(010) 52257143（总编室）(010) 52257140（发行部）
电子邮箱	eo@chinabp.com.cn
经　　销	全国新华书店
印　　刷	天津和萱印刷有限公司
开　　本	710 毫米 × 1000 毫米　1/16
字　　数	202 千字
印　　张	12
版　　次	2024 年 8 月第 1 版
印　　次	2024 年 8 月第 1 次印刷
书　　号	ISBN 978-7-5068-9900-0
定　　价	76.00 元

版权所有　翻印必究

前　言

在高校思政教育中，课堂一直是主要的实施场所，然而，由于部分教师的教学方式缺乏灵活性，一些学生逐渐形成了对思政课堂的刻板印象，认为思政知识缺乏实用性和吸引力，甚至对思政课堂产生了排斥情绪。随着时代发展，传统的思想政治课堂教学已经无法满足当代大学生对新事物以及新文化的接受需求。在网络多媒体的支持下，思政知识的呈现方式发生了转变，许多知识和观点以案例和故事的形式呈现，逐渐打破了学生的认知限制，让学生感知到生动的知识内容，逐渐认可思政知识的价值，成为具有健康价值观和思想意识的人。

现代信息技术的迅猛发展，给人类的文化传播方式带来了革命性的飞跃，同时催生了新的文化生产方式，也深刻影响了人们的思维方式和思想观念。大学生作为"数字化生存"的最先体验者和忠实拥护者，他们的思想观念、价值取向、行为方式已经深深打上了新媒体时代的烙印，新媒体也已经成为他们日常生活中的一部分。在新媒体时代，随着网络信息传播技术、数字化技术、移动互联网技术的快速发展，新媒体得到了越来越广泛的应用。

当前，高校学子是新媒体技术应用最为广泛、最为活跃的一群人，高校可以建立网络平台，教师可以通过该平台向学生传递思政知识和信息，而学生也可以随时通过该平台获取和学习思政知识，教师和学生之间的联系将不再受限于时空，教师可以在线解答学生的问题，同时监督学生的态度和学习进度。为了能够使思想政治教育更加具有实效性和针对性，需要对传统的教学方式进行改革创新，以适应时代发展的需求，促进大学生全面成长成才。在此模式下，网络多媒体不仅充当了平台和管道的双重角色，同时也将鲜活的思政知识传递给师生，并逐渐融入校园文化之中，从而确保了思政教育教学的效率和品质。

本书第一章为思政教育概述，分为以下四部分内容：思政教育的内涵、思政教育的对象、思政教育的目的与任务、思政教育的地位与作用。第二章为新媒体与高校思政教育，详细阐述了新媒体与传统媒体的区别、新媒体与高校思政教育的关系、新媒体与高校思政教育融合的原因、新媒体时代高校思政教育面临的机遇与挑战。第三章为高校思政教师队伍建设，分别阐述了我国高校思政教师队伍发展现状、思政教师队伍建设的重要性、高校思政教师队伍建设的策略。第四章为新媒体时代高校思政教育的创新发展，分别阐述了新媒体时代高校思政教育的发展趋势、新媒体时代高校思政教育的环境建设、新媒体时代高校思政教育的话语重塑、新媒体时代高校思政教育发展的传媒载体。第五章为新媒体时代高校思政教育模式的实践，主要分为以下四部分：新媒体时代高校思政工作的内容结构优化、新媒体时代高校思政教育共享社区模式研究、新媒体时代高校思政网络意见领袖教育模式研究、新媒体时代高校思政矩阵教育模式研究。

在撰写本书的过程中，作者得到了许多专家学者的帮助和指导，参考了大量的学术文献，在此表示真诚的感谢！本书写作力争内容系统全面，论述条理清晰、深入浅出。由于作者水平有限，加之时间仓促，本书难免存在一些疏漏，在此，恳请同行专家和读者朋友批评指正！

麻丽爽

2023 年 6 月

目　录

第一章　思政教育概述 ·· 1
　第一节　思政教育的内涵 ·· 1
　第二节　思政教育的对象 ·· 3
　第三节　思政教育的目的与任务 ··· 4
　第四节　思政教育的地位与作用 ··· 17

第二章　新媒体与高校思政教育 ··· 27
　第一节　新媒体与传统媒体的区别 ··· 27
　第二节　新媒体与高校思政教育的关系 ·· 34
　第三节　新媒体与高校思政教育融合的原因 ····································· 37
　第四节　新媒体时代高校思政教育面临的机遇与挑战 ······················ 38

第三章　高校思政教师队伍建设 ··· 48
　第一节　我国高校思政教师队伍发展现状 ·· 48
　第二节　思政教师队伍建设的重要性 ··· 51
　第三节　高校思政教师队伍建设的策略 ·· 58

第四章　新媒体时代高校思政教育的创新发展 ··································· 71
　第一节　新媒体时代高校思政教育的发展趋势 ································· 71
　第二节　新媒体时代高校思政教育的环境建设 ································· 76
　第三节　新媒体时代高校思政教育的话语重塑 ································· 91
　第四节　新媒体时代高校思政教育发展的传媒载体 ························ 104

1

第五章　新媒体时代高校思政教育模式的实践 120
第一节　新媒体时代高校思政工作的内容结构优化 120
第二节　新媒体时代高校思政教育共享社区模式研究 132
第三节　新媒体时代高校思政网络意见领袖教育模式研究 147
第四节　新媒体时代高校思政矩阵教育模式研究 160

参考文献 184

第一章 思政教育概述

思政教育是塑造大学生思想品质的途径。本章主要为思政教育概述，共分为四部分内容，分别是思政教育的内涵、思政教育的对象、思政教育的目的与任务、思政教育的地位与作用。

第一节 思政教育的内涵

近几十年，学术界一直在对思想政治教育的内涵进行探讨，并取得了一定的进展。但就现状来看，对"思想政治教育"的内涵还存在着较大的分歧。

第一种观点认为，思想政治教育是一种旨在促进人类政治社会化进程的教育形式，其目的在于培养人们的政治素养和思想观念。该观点的主要关注点在于培养和教育政治思想、观念和行为方面的素养。

第二种观点认为，思想政治教育是一种全面的思想教育，它涵盖了政治思想、哲学思想（世界观）、道德思想、法制思想、审美思想等多个方面，旨在提升人们的思想素养和完成现实任务。相对于第一种观点而言，这一观点对于"思想政治教育"的阐释在内容上呈现出更为广泛的范畴。

第三种观点认为，思想政治教育既包括思想教育也包括道德品质教育，在这一意义上，它既改变了人们的观念、提高了人们思想素质，还对人们道德品质进行培养与塑造，以增进与强化人们的道德认识、道德情感、道德意志以及道德行为。这一理解包括思想教育与品德教育两个方面，就其内容而言，它较第一、二种观点的理解与阐释要广泛得多。

第四种观点认为，政治思想教育是思想政治教育工作的核心和重点，并且，在此基础上，还应该包括心理教育。思想政治教育工作的任务不只是要提高人们的思想素质和道德素质，更重要的是要从人们的思想认识和道德情感等方面提高人们的心理素质。在心理行为方面，充分适应社会主义市场经济发展的要求，使人们的主动性、积极性、创造性得到充分发挥。新时期影响人们情绪与积极性的因素既包括政治思想、一般思想、道德品质等，还包括心理素质等。尤其是新时期，人们的心理问题较以往更为普遍，在许多情况下，不对人的心理问题（需要、兴趣、动机、挫折、调适、激励等）进行研究，就不能使人的积极性得到调动，更无法使人的潜能得以发挥，也就谈不上完成思想政治教育的任务了。因此，思想政治教育工作必然包含心理教育，提高人的心理素质。因此，改革开放以来，为适应新问题、新情况，在思想政治教育实践中，各高校开始大量增加心理教育的内容。

尽管学术界对思想政治教育的内涵还没有一个一致、统一的看法，但我们可以通过上述分析总结出：所谓思想政治教育，它是指一定的阶级或者政治集团为完成自己的政治目标及任务而进行的政治思想教育，是政治思想教育的中心和焦点，它包括了思想、道德、心理等方面的综合教育，是一种社会行为。它以一种有目的的方式作用于人的意识形态，以达到转变人的观念和引导人采取行动的目的。

这里也应该看到思想政治教育并不等于思想政治工作。思想政治教育在思想政治工作中占有举足轻重的地位，它是贯穿于思想政治工作始终的灵魂与线索。正如《国营企业职工思想政治工作纲要（试行）》中指出："职工思想政治工作，主要是指职工的思想政治教育，它是党的政治工作的一个重要部分，但不是政治工作的全部。"[1]这就是说首先要明确思想政治教育和思想政治工作之间的关系，也就是说思想政治教育在思想政治工作中处于主体地位并构成其有机部分。事实上，思想政治教育自始至终都包含和渗透在政治工作与思想工作之中，脱离思想政治教育就不能做好政治工作与思想教育工作，甚至可能把它引入歧途。

然而，思想政治教育与思想政治工作并不完全等同，两者之间有一定的差异，主要体现在外延上的不同，"思想政治工作"的外延要比"思想政治教育"的外延要宽。思想政治工作是指一定阶级、政治集团在一定思想政治理论指导下，为实现自己的政治纲领和根本任务而进行的思想政治活动，主要包括政权建设、组织政党、开展阶级斗争、动员群众参政等等。在思想政治工作中，尽管也包括了思想政治教育，但很多具体的工作和活动，并不是思想政治教育的一部分。两者

---

[1] 国营企业职工思想政治工作纲要（试行）[J]. 思想政治工作研究，1983,（01）：8-18.

在侧重点上存在着差异，思想政治教育主要是对人们进行世界观、人生观、价值观、道德观等方面的教育，它所解决的是人们精神世界方面的问题；思想政治工作是一种以人为主体的、以人为中心的思想政治工作。所以，当我们认识到"思想政治教育"的含义时，必须将"思想政治教育"与"思想政治工作"区别开来。

第二节　思政教育的对象

一、思政教育对象的含义

对象是指观察、行动或思考时作为目标的客体。思政教育的对象是指在教育活动中，教育者认识、教育、改造的对象。它有广义与狭义的区分。广义的教育对象包括教育者与受教育者，教育者之所以成为教育的对象，是因为教育者必须先受教育，教育者在教育、改造别人的同时，还要接受别人的教育、改造以及进行自我教育和自我改造。狭义的教育对象就是指受教育者，即在思政教育实践活动中，在思政教育者的指导下接受、实践相应思政教育内容的人，是思政教育者有意识地对其施加影响，以期使其形成相应思想政治品德素质的对象。受教育者有集体对象和个人对象之分。集体教育对象是相对个人教育对象而言的，它是由许多人结合起来的有组织的整体。思政教育学所说的教育对象是从广义的视角去进行研究的对象，即指一切人。但在具体的思政教育实践中，实践的主体是教育者，教育对象只能是受教育者，也就是说，要重点把受教育者的思想政治品德作为我们认识、改造的对象。

二、思政教育的主要对象

思政教育的对象主要是大学生，能否对大学生有一个比较全面的认识，无疑是做好新媒体时代高校思政教育工作的前提和基础。

思政教育者必须承认个人在成长过程中所表现出的才能和品德上的差异，并根据这些差异加以区分，力求个性化。在思政教育中，首先要对这个具体的教育对象有正确认识，如果没有科学地了解教育对象，就很难理解教育对象产生思想问题的原因，也难以做好大学思政教育工作。首先，大学生是具有自然和社会特征的人，他们有不同的需要。一般来说，人的需要大致可以分为五个不同层次：生理需要、安全需要、归属感和爱的需要、尊重的需要和自我实现的需要。前两种需要主要是生理上的需要，属于低层次的需要，后三种需要都是社会性的需要，属高层次需要。人们应该尊重这种高水平的需要，相应地，新媒体时代大学思政教育要充分尊重大学生的权利，平等对待每一个大学生。教育者不能自夸为"教育者"，要公开和充分尊重受教育者的品格。如果教育者不把受教育者看作是与自己完全平等的群体，而是以权力压人、以大道理训人、以严厉语言伤害人，那么结果就不仅不会缓解，而且还会加剧矛盾。尊重、理解、关心和帮助人，是新媒体时代大学思政教育中必须遵循的基本原则之一。教师只有平等对待学生，了解每个学生的具体情况和性格，承认自己不同的性格、爱好和兴趣，以诚相待、以理服人、以情感人，新媒体时代的思政教育才能真正取得成功。大学生是一群特立独行的人。因此要尊重他们，正确引导他们，而不是压制他们。再次，大学生是亟待发展的一群人。每个大学生都是可造就的，思政教育者要充分认识到大学生身上的潜能和不足，帮助他们解决成长道路上面临的实际问题，促进其进步和发展。最后，大学生是新媒体时代高校思政教育的主体，教育者应树立学生为主体的观点，改变教学方法，准确把握其主体能力的表现形式，为学生创造广阔的空间，努力完善学生的主体结构，探索学生主体活动的规律。

总之，高校思政教育工作者必须树立尊重、理解和关心学生以及帮助学生的科学教育理念。在新媒体时代，思政教育是为了学生，为了教育学生，为了服务学生，为了学生的健康成长，这里所说的学生就是所有的学生。

第三节 思政教育的目的与任务

一、思政教育的目的

（一）思政教育目的确定的依据

思政教育的目的不是由人主观决定，而是反映了社会存在和发展。思政教育目的受多种因素影响，而单一的教育目的往往是由多个因素共同作用的结果。然而，思政教育目的的各个因素的作用是不平衡的，这需要我们抓住主要因素，适当确定思政教育的目的。

1. 根据社会发展水平

思政教育作为一种社会实践活动，要为社会的发展和进步服务，其目的就必须反映出社会发展的客观要求，必然受到一定社会历史条件的制约，也就是要受到生产力与科技发展以及社会经济政治制度的制约。社会生产和科学技术的发展水平是确定思政教育目的的基础。马克思主义认为，生产力的发展水平最终决定了社会发展的水平。生产力的发展不仅为教育主体的身心素质的发展创造了条件，而且对教育对象在各个方面的发展也提出了更高层次的要求。从这个意义上说，生产力发展水平最终是思政教育的制约因素，随着生产率和科学技术水平的迅速提高，这种制约作用越来越大，相应地，思政教育的水平也将越来越高。人类历史的发展进程表明，生产力和科学技术的发展水平不同，社会对受教育者的思想品德的要求也就不同。在新媒体时代，知识经济和信息化已经成为社会的重要特征，社会生产、管理越来越科学化、知识化、信息化和智能化，文化趋向多元化，这不仅对社会成员的文化与科技素质提出了新的要求，而且对其思想道德素质也提出了更高的要求，思政教育必须加大对教育对象道德价值评判与选择能力的培养，这应成为新时期思政教育的重要内容。

思政教育目的是在特定的生产关系、社会经济体制、政治体制等条件下形成的。马克思、恩格斯曾说过："一个阶级是社会上占统治地位的物质力量，同时也是社会上占统治地位的精神力量。支配着物质生产资料的阶级，同时也支配着精神生产的资料。"[1] 在阶级社会里，各阶层因各自的经济、政治利益，有着不同的教育目的。思政教育是一项重要的教育实践活动，它是一个特定的阶级或群体，为了达到一定的政治目的，通过对其进行思想熏陶、道德熏陶，以促使其形成本阶级所需要的思想品德的一种社会实践。所以，思政教育的目的在阶级社会里有明显的阶级性。

由于中国共产党的目标反映了我国社会发展的客观要求，思政教育的目的是根据社会发展的水平和需要来确定的，具体表现为党的主要目标，思政教育的目的应与党的目标保持一致。党的最终目标是实现共产主义，这一目标决定了思政

---

[1] 庄晓东. 传播与文化教程 [M]. 昆明：云南大学出版社，2021.

教育的根本目的就是用共产主义思想去教育、调动和激励受教育者努力实现共产主义。在奋斗过程中，受教育者必须不断提高思想道德素质，使自己全面发展成为社会主义的新一代。当然，实现共产主义的过程要经过长期艰苦的奋斗和许多阶段，党在各个阶段的目标都是既相互联系又彼此区别。思政教育要以共产主义思想为指导，根据党在不同阶段的目标，确定不同时期思政教育的目的。同时，党的目标在一定阶段要分解到各个领域和部门，党的具体目标在各领域和各部门都是不同的。各领域思政教育的目的要与党在各个领域的目标相一致，使各领域思政教育的工作落到实处。当前，思政教育工作者要围绕实现社会主义现代化这一党在现阶段的奋斗目标确定思政教育目的。思政教育领导和教育者要准确把握党的基本路线，明确新时期党的目标，为实现这一目标而进行科学的战略部署。明确思政教育的宗旨，以组织、动员全体人民群众为社会主义现代化事业而奋斗。

2. 根据受教育者的精神需要及思想实际

作为一种塑造人的社会实践活动，思政教育不是一种单向度地向受教育者施加影响的活动，而是教育者与受教育者之间双向互动的过程。作为对教育对象思想品德的要求，思政教育目的必须充分考虑到受教育者精神世界发展的需要及其思想品德的实际。

思政教育要达到提升人的精神品质和促进人的全面发展的目的，就必须尊重和了解受教育者的需要，否则就会使受教育者失去接受教育和自我教育的动力。由于需要是人类生活活动的内在基础，是社会发展的动力，只有遵循人的需要发展规律，思政教育才能获得基本的动力支持。在社会主义社会中，受教育者在成长过程中产生了许多精神需要，即学习的需要、道德修养提高的需要、政治素质提升的需要、人际关系和谐的需要、获得尊重的需要、自我成就的需要、培养和发展技能的需要等都是受教育者的基本需要。只有满足受教育者的这些需要，思政教育才会产生好的效果。因此，确定思政教育目的时，必须考虑教育对象多角度、多层次的精神需要。唯有如此，才能使教育对象的内在精神需求得到积极正向的发展，思政教育目的也才能为教育对象所真正接受，并内化为他们的个人目标，成为其行动指南。如前所述，我国思政教育的基本目的包含着满足教育对象精神世界发展需要的内容，因此我们在确定具体目的时也必须考虑到这一因素，这是确定思政教育目标的内在要求。在确定思政教育目的时，还应考虑受教育者的思想品德实际情况。在现实的思政教育活动中，受教者分为不同类型和层次，因此受教者的思想因受教者的类型和层次而有所区别。这就要求我们在确定思政教育的目的，尤其是具体目的时，充分考虑教育目的与受教者思想状态之间的密切关系，兼顾受教者的接受度，以便适当地确定思政教育目的。如果忽视受教育者的思想现实，就可能设定的具体目标太低或太高，影响思政教育的有效性。教育对象的层次性决定了思政教育目的的层次性。在思政教育的基本目的和领导全局的指导下，思政教育的具体目的也要多层次。思政教育者必须根据教育对象的实际思想品德，确定思政教育在各行业、各部门、各单位中的具体目的。

基于这两个方面的联系和相互制约，对思政教育的要求在不同层面上有所不同。我们不能将思政教育的目的分开，而应将其视为一个整体，并努力使教育的目的同时满足上述两个方面的要求。

（二）思政教育目的的类别

思政教育目的是指通过思政教育活动，在受教育者的思想和行为方面所期望达到的结果。换言之，思政教育目的是教育者依据社会发展的要求、受教育者精神世界发展的需求等对受教育者思想品德方面的质量的一种期望和规定。思政教育目的是开展各项思政教育活动的依据和动力，体现出思政教育的价值取向。

思政教育目的不是单一的，而是一个目的体系，我们可以根据一定标准将其分为不同的类别和层次。

1. 根本目的和具体目的

这是按目的在思政教育目的体系中的地位所作出的划分。

我国的思政教育是一项以共产主义为导向，培养人的思想道德品质的活动。我们国家思政教育的基本目的是提高人们的思想品德素质，促进人的自由和全面发展，激励受教育者为建设中国特色社会主义而奋斗，最终实现共产主义。这一基本目的有两个相互关联的方面。一是教育对象思想品德素质的提高。思政教育是一种满足人的精神世界发展需要的方式，它是一项提高人的精神品质和提升人的思想品德素质的社会实践活动。思政教育的目的是让受教育者在高尚理想、优良品德、强烈事业心和责任感等方面具有良好的思想道德品质。良好的道德和思想品质不仅是人们其他发展的保证，也是人们在现代建设中积极参与的内在基础。可见，受教育者思想道德素质的提高，可以更好地激励其努力建设中国特色社会主义和实现共产主义的事业。二是促进人的自由全面发展。人的自由全面发展，既是共产主义高尚理想，也是社会主义的根本要求。社会主义的本质是生产力的解放和发展，最终落脚点是人的自由全面发展，这就是思政教育的终极目的。思政教育是通过人来发挥作用。只有促进人的全面发展，才能使受教育者在中国特色社会主义建设事业中更加积极主动地投身其中，为实现共产主义创造条件。

思政教育的根本目的是思政教育的最高目的也是终极目的，指明了思政教育活动的方向。但这并不是说根本目的是虚设的、不起作用的。根本目的是思政教育的灵魂，是长久起作用的目的，是团结和动员思政教育者及受教育者共同奋斗的旗帜。没有这面旗帜，思政教育就会改变性质。因而这一根本目的对于思政教育具有极其重要的意义，它规定了思政教育的共产主义方向，思政教育的一切活动都要符合这个根本目的。

思政教育的基本目的可以看作是一个长远的目标，只有经过长期的努力才能实现。在思政教育过程中，这一长期目标必须分解为指导思政教育的具体活动的具体目标。通过实现具体的目标，我们可以一步步朝着长远的目标前进。可见，具体目的是根本目的的具体化，其作用在于将思政教育的任务落实到思政教育机构或教育者个人身上，所以我们也可以称之为实践目标。思政教育的大部分工作都是由相关机构或教育者完成的，因此具体目的也对思政教育很重要。

2. 个体目的和社会目的

这是按作用对象对思政教育目的所作出的划分。

思政教育的个体目的是指通过思政教育活动，在教育对象个体思想和行为方面所期望达到的结果，包括心理素质目的、思想素质目的、道德素质目的和政治素质目的等。其中，心理素质目的是基础，思想素质目的是前提，道德素质目的是重点，政治素质目的是核心。思政教育的社会目的是指通过思政教育活动，使全体社会成员在思想和行为方面达到预期的效果。社会目的比个体目的层次更高，包括政治目的、经济目的和文化目的。政治目的是实现经济目的的根本保证，决定着文化目的的性质和内容；经济目的是政治目的和文化目的的基础；文化目的受政治目的和经济目的的制约，但又是政治目的和经济目的实现的必要条件。思政教育社会目的对思政教育个体目的起主导和支配作用，决定着个体目的的形成、发展和实现，而个体目的又是思政教育社会目的的实现的基础。

3.远期目的、中期目的、近期目的

这是按时限对思政教育目的所作出的划分。

远期目的又称长远目的,是指经过长时间的努力方能实现的思政教育目标,在某种意义上可将其看作在一个长时期内要完成的基本任务。它反映的是社会发展的客观趋势和受教育者精神世界发展的长远需要,对思政教育活动具有长远的指导意义。远期目的的作用在于它能够给思政教育活动指明具体的前进方向和奋斗目标,没有远期目的,思政教育的根本目的就会模糊不清,思政教育活动就会失去方向。思政教育的中期目的是指需要经过较长时间的努力才能实现的思政教育目标。它实际上是对远期目的所作的进一步的划分。没有中期目的,远期目的将难以有效实现。思政教育的大部分活动都是要达到近期目的的,因而这一目的对思政教育很重要,对思政教育活动具有直接的指导作用。思政教育的远期目的、中期目的和近期目的相互影响、相互制约。远期目的指导和制约着中期目的和近期目的;中期目的是联系远期目的和近期目的的桥梁和纽带,起着承前启后的作用;近期目的是中期目的和远期目的的实现的基础。

4.观念性目的和指标性目的

这是按抽象程度对思政教育目的所作出的划分。

思政教育的观念性目的以抽象概念的形式表现出来,集中反映了思政教育目的的社会价值、发展价值和整体需要,具有明确的指向性和激励性。思政教育的指标性目的是由一系列以指标形式表现出来的具体目的所组成的,是思政教育的观念性目的的具体化,人们可借助这套指标对思政教育活动进行具体检测或比较。在思政教育目的体系中,这两类目的都是必不可少的。没有思政教育的观念性目的,思政教育的指标性目的就会失去依靠,就不能对政治教育活动进行有效的评估。

(三)新媒体时代思政教育的目的

新媒体环境下的思政教学相对于传统的教学模式,具有针对性强、时效性强、信息量大、传播速度快、覆盖面广等优点。在互联网上,有丰富而又广泛的信息。但是,传统的思想政治教育方式比较单一,而且内容比较单调,很容易让受教育者感到无聊,从而无法达到很好的教育效果。互联网上的信息不仅有文字形态的,还有声音、图片和动画形态的。这些图文和音像信息使学生犹如身临其境,从而可使思政教育达到最佳的教育效果。

另外网络具有跨时空性。不同地区乃至不同国家的学生都可以通过网络实现资源共享。互联网具有的跨时空性，让师生之间的距离大大缩短，学生们可以用各种各样的在线交流活动，来探讨当前国际国内的重大热点问题，还可以随时对一些令人费解的问题在网络上向老师们进行咨询和请教。这样的思政教学方式，使学生从被动变为主动，对思政教学的工作成效有很大帮助。网络还具有快捷性和及时性的特点。当代大学生的思想认识、价值观念、思维方式等呈现出个性化、多元化、复杂化的特点。网络技术的应用大幅缩短了知识和信息传播的周期，从而也极大地提高了思政教育工作的效率。网络具备很好的互动性。如果思政教育工作者能很好地利用网络，就可以调动起学生的主观能动性，从而体现"自我教育"和"自我帮助"的特点。特别是网络的匿名性特点，可使学生更容易地说出自己的真实想法，因而更能发挥思政教育的作用。

二、思政教育的任务

（一）思政教育任务的确立依据

第一，社会的发展和进步对培养"四有"新人提出了客观的要求。总的来说，人类社会是在不断地发展和进步的。社会的高度文明包含了物质文明、政治文明和精神文明三个方面，它们在客观上都对社会成员的思想道德素质和科学文化素质提出了更高的要求。在社会主义社会中，培养和造就"四有"新人，既有其必要性，又有其可行性。思政教育是以培育"四有"新人为宗旨的，它不仅是社会主义文明化的必然要求，而且也是为社会向更高层次的文明发展提供了条件，可以适应社会的发展和进步。

第二，培育"四有"新人是构建社会主义精神文明的必然要求。在马克思主义理论的指导下，我们要把社会主义的政治文明与物质文明有机地结合起来。《中共中央关于社会主义精神文明建设指导方针的决议》指出："社会主义精神文明建设的根本任务，是适应社会主义现代化建设的需要，培育有理想、有道德、有文化、有纪律的社会主义公民，提高整个中华民族的思想道德素质和科学文化素质。"[1]高校思政工作是高校思想政治工作的中心环节，也是高校思想政治工作的

---

① 中国教育科学研究院. 中国共产党教育方针百年历史研究[M]. 北京：教育科学出版社，2021.

基础，高校思想政治工作的根本任务、工作重心的确立都要与高校思想政治工作紧密结合。思政教育要推动社会主义精神文明建设，使之更好地发挥其应有的功能，必须从培育"四有"新人入手，以造就一代又一代的社会主义新人为最终目的。而高校思政教育又是一项"育人"的事业，更应将"育人"放在第一位。可以看出，把培养"四有"新人当作思政工作的基本任务，不仅符合社会主义精神文明建设的要求，而且反映出思政工作的实质，把握住思政工作的核心。

第三，培育"四有"新人是发展社会主义市场经济、构建和谐社会、实现社会主义现代化的基础，也是必然要求。要大力推动市场经济的发展，构建社会主义和谐社会，加快现代化建设的速度，就需要经济、政治、科技、资源、政策、法规等多种因素，而最重要就是要有一代新人。因为社会主义市场经济的发展、社会主义和谐社会的建设都离不开人。人是社会主义现代化建设的基础因素。只有对社会成员的思想道德素质和科学文化素质进行全面提升，让人这一现代化建设的主体充满积极性、主动性、创造性，才能充分发挥经济、政治等方面的优势，成功地完成从计划经济体制到社会主义市场经济体制的转型，才能实现经济良好、快速、可持续的发展，进而全面推进社会主义现代化的进程。由此可以看出，人文因素对我国市场经济的发展乃至整个社会主义的现代化进程起着重要作用。实践证明，如果不能全面提高人的素质，不能造就一批"四有"的新一代，就不能适应市场经济发展的需要，也不能适应社会发展的需要。只有培育出一批思想道德、科学、文化素养都很高的社会主义新人，才能促进社会主义市场经济的发展，才能适应社会主义现代化建设的要求。

（二）思政教育任务的内容

1.道德品质教育

道德教育应根据《公民道德建设实施纲要》中提出的指导思想、方针原则和主要内容，以"为人民服务"为中心，以"集体主义"为原则，把"热爱祖国，热爱人民，热爱科学，热爱劳动，热爱社会主义"作为根本要求，把"社会公德""职业道德"和"家庭美德"作为主要内容，在坚持社会主义的主要方向的同时，要做到"多元化"。

二十大报告中说："要提升整个社会的文明水平，要开展全民道德教育，大力弘扬中华传统美德，要强化家教家风，要'明大德''守公德''严私德'，不断提升全民的道德素质，大力弘扬劳动精神、奋斗精神、奉献精神、创造精神、勤俭节约精神。"①

从当前看，乡村村容村貌大变样，人们的文化生活也日益丰富，然而，一些农村仍然还有陈规陋习，如婚丧嫁娶中的大操大办、土葬等。这些陈规陋习带来了诸多的问题：大操大办表面上看风风光光，背后却欠下难以还清的人情债；土葬占用土地资源，使原本紧张的土地资源更为紧张。陈规陋习不仅助长了奢侈浪费之风，而且增加了村民的负担。破除陈规陋习绝非个人的私事，事关乡风民风建设，事关脱贫攻坚成效。为此加强公民道德建设、大兴乡村文明新风显得非常紧迫。

加强公民道德建设，发挥乡规民约的作用。在新的时代人们的物质和文化生活有了显著的提高，各方面的变化相当大，尤其是在农村，农民收入稳步增长，生活一天比一天好，吃讲究营养，住讲究宽敞，穿讲究新潮，农村到处展现出一种新气象。在物质和文化生活得以满足的同时，更需要从素质上予以提升，坚持勤俭节约、反对铺张浪费，扬正气树新风，营造健康向上的良好风尚。除了进行公民道德教育宣传之外，还需通过村规民约来对公民行为进行约束，《江西省农村"推动移风易俗、促进乡风文明"行动方案》明确了治理环境卫生脏乱差，整顿大操大办风气，遏制重殓厚葬，整治农村赌博等八大任务。

加强公民道德建设，注重先进文化的引导作用。农村道德建设相对较薄弱，假如不用先进文化去占领意识形态阵地，一些陈规陋习将乘虚而入，要树文明新风，就必须发挥先进文化的引领作用，不断壮大城乡基本文化阵地，既要"送文化"更要"种文化"。如今江西农村已经实行农家书屋、村镇文化站、乡村舞台、健身广场全覆盖；大力开展读书看报、写字绘画、吹拉弹唱、体育健身等有益的活动，并且以群众喜闻乐见的形式将身边的事自编自演，以典型引路，抵制陈规陋习；用道德文化和舆论的力量营造健康向上的氛围。大余县经过多年努力，使公共文化的空间不断扩展，不断丰富了农村群众文化生活和促进了农村文明新风的形成。

加强公民道德建设，为乡村振兴战略提供强有力的支撑。我国把乡风文明建

---

① 最高人民法院. 二十大报告@家庭家教家风建设，人民法院这样做! [EB/OL]. （2022-10-19）[2023-04-25].https://baijiahao.baidu.com/s?id=1747103233269562428&wfr=spider&for=pc.

设摆到了重要的位置，乡村振兴不仅要让农民收入提高，更要使农民的道德素质大幅提升，使其抵制各种不道德的行为，以正压邪，共同筑造精神家园，同时使人民的生活富裕起来，让其精神充实起来，从而有更多的获得感和幸福感，为乡村振兴战略提供强有力的支撑。

公民道德建设的重点在农村，难点也在农村。农村范围广、人口多，我们要大兴乡村文明之风，在提高村民收入的同时，提高村民的素质，做到精神文明建设与物质文明建设同步，实现乡村振兴，加快解决"三农"问题。

2. 理想信念教育

社会主义理想信念教育是思想建设的核心内容，是思政教育的根本任务。中国共产党人在革命战争年代已解决了"理想信念问题"，在中国革命胜利后，在改革开放、全面建成小康社会的今天，我们的理想信念教育遇到了新的情况，面临着新的考验。

随着改革开放的深化、市场经济体制的建立，人们的社会生活方式日趋多样化，人们的思想观念、行为方式也发生了改变。面对许多前所未有的新矛盾、新问题，一些人感到迷茫，缺乏明确的理想信念与价值标准。

3. 爱国主义教育

爱国主义是中华民族的光荣传统，蕴含着最为深厚的历史情感，是全国各族人民共同的精神支柱，鼓舞和激励着全国各族人民为祖国事业而团结奋斗。

爱国精神的培养是一个能动的过程，受主体社会生活实践经验和认识能力的发展水平制约，是一个主体不断进行自我概括、自我内化和自我拓展的过程。爱国主义教育的任务是以爱国心理为基础，对青少年进行系统的中国历史，特别是中国近现代史教育，使青少年从历史逻辑的高度认识和把握中华民族发展的规律与趋势。同时，我们要站在世界的高度，对青少年进行中国化马克思主义理论教育，引导青少年认识中华民族的历史命运与中国化马克思主义理论的本质关联，使理论升华为朴素的爱国情感。只有这样，才能把感性的、分散的、不稳定的爱国心理上升为理性的、集中的、坚定的爱国信念。

因此，爱国主义是我国社会的精神主题，爱国主义教育是思政教育的重点。

4. 培养科学思维方式

我们正处于一个转型时期，社会生活各方面都处于剧烈变动之中。适应并推动这些变化，帮助人们转变观念，突破旧的思维模式的桎梏，培育并构建一种新型的、现代化的科学思维方式，同样也是思政教育的一项重要任务。

（三）完成思政教育任务的要求

思政教育的根本任务为确定一定时期思政教育的主要任务以及具体任务指明了方向。在任何时候，思政教育的主要任务以及具体任务都要有利于教育对象思想道德素质的全面提高。这是由思政教育的根本性质所决定的，是思政教育任务的共性。因此，尽管完成不同层次任务的具体要求不同，但无论哪一层次任务的实施都必须遵循下列要求。

1. 构建社会主义核心价值体系

十八大第一次提出了社会主义核心价值观的内容，它的主要内容就是要倡导富强、民主、文明、和谐、自由、平等、公正、法治、爱国、敬业、诚信、友善，积极培育并践行社会主义核心价值观。这一理论符合中国特色社会主义的发展需要，符合中华优秀传统文化，符合人类文明的优良成就，符合全党、全社会的价值共识，是我党在凝聚全党、全社会的价值共识时所作出的一项重要理论。国家层面上的价值目标是富强、民主、文明、和谐；社会层面上的价值取向是自由、平等、公正、法治；公民个体层面上的价值标准是爱国、敬业、诚信、友善。这24个字是社会主义核心价值观的基本内涵，也是培育和实践社会主义核心价值观的根本基础。

我们既要加强对邓小平理论的教育，又要坚持对广大人民群众进行"三个代表"重要思想的教育，以及对马克思主义中国化的最新理论成果的教育。与此同时，要将培养能够承担起民族复兴重任的新一代人才作为着力点，加强教育引导、实践养成、制度保障，充分发挥社会主义核心价值观在国民教育、精神文明创建、精神文化产品创作生产传播等方面的引领作用。在新的历史条件下，对大学生进行社会主义核心价值观念的培养是十分必要的。当前，我国高校学生的世界观、人生观和价值观处于形成与建立的关键阶段，因此加强对高校学生的社会主义核心价值观念教育具有十分重要的意义。我们要采取切实有效的措施，加强社会主义核心价值观教育的仪式感，这样才能提高大学生对社会主义核心价值观的敬畏之心和敬重之感，让它成为大学生的情感认同和行为习惯。

2. 突出当今时代主旋律思政教育

爱国主义、集体主义、社会主义是当代大学生思想政治教育的主题，也是大学生思想政治教育的重要组成部分。在新的时代背景下，思想政治教育要紧紧抓住这个关键，坚持用爱国主义、集体主义、社会主义的思想去培养"四有"新人。

强调主旋律教育，就是要使受教育者对爱国主义、集体主义、社会主义的科学内涵和时代特点有一个正确的认识，并使其内化为自己的行为。爱国主义是一种历史范畴，它的内涵因国家和历史阶段的不同而不同。在我国目前的情况下，爱国精神的实质是将自己的生命奉献给建设与维护社会主义现代化、推进国家统一的事业。现在，开展爱国主义教育，就是要引导受教育者对社会主义祖国怀有热爱之心，要坚持党在社会主义初级阶段的基本路线，要为振兴中华、实现社会主义现代化而努力。在社会主义社会，集体主义是一种以集体利益为中心，以全心全意为人民服务为中心的社会主义意识形态，是一种最根本的价值取向。在新的形势下，思政教学仍应坚持对学生进行集体主义价值观念的教育，这一点是毋庸置疑的。社会主义是在生产资料公有制的基础上建立起来的一种社会制度，其实质就是解放生产力，发展生产力，消除剥削，消除两极分化，实现共同富裕。开展社会主义教育，目的在于使受教育者明白：社会主义必将取代资本主义，它将成为人类社会发展的必然潮流；唯有社会主义可以拯救中国，唯有社会主义可以使中国得到发展。在市场经济中，我们要注重与人民群众的意识形态相结合，加强对人民群众的社会主义意识形态的教育，使人民群众更加坚定对社会主义的信仰，使人民群众能够永远走在社会主义的道路上。爱国主义教育、集体主义教育、社会主义教育三位一体，互相促进。在主旋律教学中，要注意它们的密切关系，既要突出重点，又要相互补充，相互促进。唯有如此，主旋律教育才能充分发挥其作用，如同春雨润物一般渗入受教育者的意识之中，让爱国主义、集体主义和社会主义成为他们在思想和行为上的主旋律。

要突出主旋律教育，就是要使教育对象树立起爱国主义、集体主义和社会主义的观念，并将其转化为具体的行为，使其成为中国特色社会主义建设的新动力。建立中国特色社会主义，是实现爱国主义、集体主义和社会主义和谐统一的根本。可以说，爱国主义、集体主义和社会主义三者有机地结合在一起的基础是建立中国特色社会主义的实践。第一，在新时期，爱国主义的主旋律是建设中国特色社会主义。把我国建设成一个富强、民主、文明、和谐的社会主义现代化国家，这是所有人民的根本利益和愿望的集中体现，是新时期国家、民族的前途命脉所在。

在此基础上，我们提出了建立中国特色社会主义、实现社会主义现代化的目标，这也是新时代爱国主义的根本含义与最高主题。现在，凡是为四个现代化而奋斗的劳动者，都是爱国主义者。第二，建立中国特色社会主义极大地促进了集体主义的发展。中国特色社会主义是一个举国上下、众志成城的事业，必须充分调动所有的力量，充分发挥最大的能动性，并以最大的努力来实现。但是，在建设中国特色社会主义的过程中，不可避免地存在着矛盾与困境，也存在着一些利益失衡的现象，唯有以集体主义的价值观为指导，我们才能正确地处理好这些利益关系，化解这些矛盾，克服暂时的困境，确保中国特色社会主义的顺利发展。第三，建设中国特色社会主义，根据中国的实际情况，初步解决了中国这样一个经济文化相对落后的国家怎样建设、怎样巩固、怎样发展等一系列根本问题，使社会主义从理论到实践，都取得了很大的进展。建设中国特色社会主义，就是要坚持和发展社会主义。正是由于中国特色的社会主义是爱国主义、集体主义和社会主义有机结合的产物，所以开展主题教育的最终目的就是要使人民群众主动地投入到这个伟大的实践之中，在实践中将中华民族的爱国主义精神传承下去，始终保持着集体主义的价值取向，始终保持着社会主义的信念，为实现社会主义现代化而努力。

总之，在当前思想政治教育中，爱国主义、集体主义和社会主义是思想政治教育的主题。在中国特色社会主义建设过程中，坚持主题教育，就能把握住思政教育的精髓，就能更好地以主题教育来统一学生的思想，协调学生的行为，让学生自觉地投入到社会主义现代化建设的伟大实践中去，在实践中逐渐成为"四有"新人，以更好地实现思政教育的目标。

3. 弘扬中华民族优秀的传统文化

思政教育作为社会主义精神文明建设中的一项基础工作，是三个文明的根本保障，因此，我们在进行思想政治教育时，必须大力弘扬中华优秀的传统文化，这对顺利开展思想政治教育、促进思想政治教育的全面发展、提升学生的整体精神素质有着十分重大的现实意义。

中国传统文化是中国历史上各个时期文化的积累。传统文化是对过去时代精神的一种反映，当然也有其自身的历史局限，其中的某些内容已经丧失了其存在的合理性，应该予以摒弃。但是，不可否认的是，在传统文化中，有很多东西已经超越了它所处的时代,表现出了与人类整体或个人有关的某些恒久不变的价值,它们都是传统文化中的精华,应该得到继承和发扬。在思政教育过程中,对优秀的传统文化进行弘扬,这对于培养教育对象形成崇高的理想,强烈的爱国主义、集体主义思想,为祖国的繁荣昌盛而努力奋斗的献身精神,以及提升全民的思想道德素质是非常有帮助的。思政教学要力求将马克思主义世界观与中华优秀传统文化有机地融合在一起,以最大限度地发挥优秀传统文化的育人功能,促进一代又一代"四有"新人的健康成长。

第四节 思政教育的地位与作用

一、思政教育的社会地位

(一)思政教育是马克思主义理论教育的主要渠道

马克思主义是由马克思、恩格斯建立的,它的理论是关于自然、社会、思想发展的普遍规律的学说,它是关于资本主义,也是关于社会主义与共产主义发展的普遍规律的学说。马克思主义是一种关于无产阶级斗争的性质、目的以及解放条件的科学理论,为无产阶级认识和改造世界提供了强有力的思想武器。中国化的马克思主义,对中国特色社会主义的建设具有重要的指导意义。为了更好地发挥马克思主义的指导功能,需要在广大人民群众中开展马克思主义的思想教育,让他们对马克思主义的世界观、方法论有一个全面而深刻的认识。思政教育是对马克思主义理论进行教育的主要渠道,也是马克思主义理论实现其价值的必要途径。

只有在广大人民群众的掌握下,马克思主义和中国化的马克思主义才能成为世界变革中不可缺少的物质力量,才能真正有现实意义。马克思指出:"批判的武器当然不能代替武器的批判,物质力量只能用物质力量来摧毁;但是理论一经群众掌握,也会变成物质力量。理论只要说服人,就能掌握群众;而理论只要彻底,就能说服人。所谓彻底,就是抓住事物的根本。"[①] 值得注意的是,理论转化

---

① 李学丽,李萌榕. 马克思主义哲学(第4版)[M]. 哈尔滨:哈尔滨工业大学出版社,2003.

为物质力量要通过一个中介——人，也就是说，理论要"掌握群众"才能转化为物质力量。而理论要"掌握群众"，除了理论本身要彻底即具有科学性外，毫无疑问要靠宣传教育来实现。把马克思主义理论转变为物质力量，思政教育是一个重要途径。通过思政教育，我们可以使人们对马克思主义理论有更深刻的认识和理解，让他们树立正确的世界观、掌握科学的方法论，提高他们认识这个国家、改造世界、建设中国特色社会主义的能力，从而把马克思主义理论变成一股巨大的物质力量。实践表明，我国思政教育在这方面发挥着重要作用。在新民主主义革命时期和社会主义革命与建设时期，在改革开放的新时期，正是因为我国坚持对广大人民群众进行马克思主义理论教育，使马克思主义成为广大人民群众改造社会的强大武器，中国社会才发生了翻天覆地的变化，中国社会才获得了巨大的发展。

在21世纪，要继续推进中国特色社会主义事业，使马克思主义理论的价值得到充分体现，就必须进一步加强对广大人民群众的马克思主义理论教育。在21世纪，新媒体已经深入社会经济、文化、政治、生活等诸多方面，成为信息化浪潮中与国家前途息息相关的重要因素。新媒体克服了传统媒体信息传递速度慢的弱点，使马克思主义经典著作、马克思主义中国化成果可以在短时间内通过互联网传播到世界各地，让更多的人了解并逐步认同这一科学理论。新媒体的不断发展，使马克思主义价值体系的认知方式从静态变为动态，从现实走向网络。和传统方式相比，新媒体扩大了马克思主义思想传播的覆盖面。人们可以更容易地通过新媒体手段获得马克思主义理论知识，接受并信仰马克思主义，从而提高马克思主义的影响力。运用新媒体传播方式传播马克思主义思想，可以使以往受众从被动接受、没有信息反馈的局面转变为传者与受者相互交流的局面，可以使传者与受者之间的互动更广泛、更直接、更深入。受众不再单向度地被动接受信息或观点，而是通过微博、微信等方式随时表达自我。新媒体的运用也增强了不同主体间的互动性，不同的参与者都能够表现出自身的主体性。

（二）思政教育是社会主义精神文明建设的基础工程

《中共中央关于加强社会主义精神文明建设若干重要问题的决议》指出，思政教育"是精神文明建设一项基础性工作和搞好两个文明建设的基本保证"[①]。这

---

① 游龙波. 新时期党建理论与实践[M]. 福州：福建人民出版社，1998.

是对思政教育在社会主义精神文明建设中的地位和作用的科学说明。据此，我们可以认为，思政教育是社会主义精神文明建设的基础工程和中心环节。

第一，社会主义精神文明的核心内容是思政教育。思想道德建设和教育科学文化建设使社会主义精神文明建设的两个方面，这两个方面的内容相互渗透、互相促进，思想道德建设是精神文明建设中的核心内容，体现了精神文明建设的本质和方向。在此基础之上，没有思想道德建设，就不存在构建的社会主义精神文明。我们的主要任务是通过马列主义和中国特色社会主义理论教育全体公民，不断提高他们的思想政治素质，这一过程就是思政教育。

第二，思政教育是完成社会主义精神文明建设根本任务的基本途径。思政教育以培养人为己任，这一任务理所当然地成为思政教育的根本任务。在对广大人民进行思想政治教育的同时，还应在这个过程中，大力宣传社会主义核心价值观，让广大人民在马克思主义的指导下，确立正确的世界观、人生观、价值观，确立建设中国特色社会主义的共同理想，形成以爱国主义为核心的民族精神和以改革创新为核心的时代精神，确立社会主义荣辱观等，从而更好地培养出一批"四有"新人。可见，只有在思想政治教育上下了很大的功夫，才能为完成精神文明建设这个根本任务创造出一个好的环境，才能顺利地完成这一历史使命。

第三，思政教育是保障教育科学文化建设的社会主义性质和方向的基本手段。然而，教育科学文化建设自身并不具备决定其性质和方向的能力，只有使教育科学文化部门的党组织加强对思想政治教育的力度，才能确保党的路线、方针、政策得到贯彻执行，从而实现党对思想政治的领导，保持教育科学文化建设的社会主义性质和方向，使其更好地为社会主义现代化事业服务。比如，教育部门需要通过加强思想政治教育，确保党的教育方针得以有效执行，以保证教育工作朝着社会主义的方向持续发展；科学研究机构应通过加强思想政治教育，以促进科学研究与现代化建设的协同发展；文艺部门应该通过加强思想政治教育，确保文艺工作始终服务于人民、为社会主义事业作出贡献；新闻出版部门需要加强思政教育，以生产更多更健康的精神产品，引导人们追求积极向上的精神境界，以达到更高的心灵境界。可以看出，加强思政教育是确保教育科学文化建设始终坚持社会主义性质和方向的根本保证。事实上，教育科学文化建设的核心问题在于培养适应要求的人，因此文化建设的各个方面都必须以人为中心展开。他们需要考虑的是要培养出怎样的人，科学和文学艺术的目的又是什么，它们是为了什么样的人服务的，新闻出版、广播电视网络等媒体如何引导人们的思考和行为。培养"四有"新人是思政教育的根本任务，这意味着我国教育科学文化建设的核心是思政教育，离开了思政教育的作用就无法实现。我国的思政教育必须以教育科学文化建设为重要基础，以确保其发展方向。

第四，只有以精神文明建设目标为指引，我们才能切实开展思政教育工作。当前我国的目标是让人们树立起建设中国特色社会主义的共同理想，始终坚持党的基本路线，不动摇地提高人们的政治素养、法制意识和道德水平，丰富人们的精神文化生活，最终实现社会物质文明和精神文明的协调发展。在以精神文明建设为导向的前提下，当前我国的思政教育迫切需要加强对马克思主义教育的重视，进一步强化思想道德素质教育，加强科学文化教育，最终为社会主义精神文明建设提供有力的精神支撑。

（三）思政教育是完成建设中国特色社会主义各项任务的中心环节

早在新民主主义革命时期，思想教育就是团结全党进行伟大政治斗争的中心环节。如果这个任务不解决，党的一切政治任务便无法完成。在社会主义建设时期，政治工作是一切经济工作的生命线，在社会经济制度发生根本变革的时期，尤其是这样。在社会主义现代化建设新时期，党中央进一步强调："思想政治工作是经济工作和其他一切工作的生命线。"[①] 可以看出，中国共产党对思想政治教育一直是非常重视的，不但把它看成是党和国家事业的一个重要组成部分，还把它看成是实现党和国家工作目标的一个中心环节。"中心环节"是对新时期思政教育战略地位的高度概括。在 21 世纪，思政教育的这一地位更加突出。要将中国特色社会主义伟大事业向前推进，就必须坚持不懈、深入持久地对广大人民群众进行思政教育，为完成中国特色社会主义事业各项任务提供思想保证和精神动力。

中国特色社会主义的发展需要政治、经济、文化、教育、科技等各个方面的共同努力，其中思想政治教育是不可或缺的重要组成部分，对于推动中国特色社会主义建设起到至关重要的作用。在一定程度上说，思想政治教育和中国特色社会主义事业的其他方面具有同等重要的地位，因为所有这些方面都是中国特色

---

① 王照琨. 论思想政治工作 [M]. 大连：大连理工大学出版社，1989.

社会主义建设所必需的，都在特定领域推动着中国特色社会主义建设的进展。思政教育的独特功能在于能通过对个体思想道德素养的直接影响，激发人们的积极性、主动性和创造性，从而推动中国特色社会主义建设取得更大进展。这一特殊地位属于思想政治教育，它在中国特色社会主义事业中具有独一无二的地位，是其他方面无法替代的。所以，思政教育成为实现中国特色社会主义各项任务的核心环节。只有通过提高人们的思想道德素质，提升他们认识世界和改造世界的能力，以及激发他们的工作积极性，我们才能够确保工作的顺利进行，避免可能干扰中国特色社会主义建设的问题。因此，思政教育必须与经济工作密切结合在一起。在从事业务工作时，需要强化思想政治教育，充分发挥先进思想和革命精神的巨大推动力量。在进行思想政治教育时，我们应将思想政治教育贯穿于业务工作之中，以业务工作为基础来开展思想政治教育工作。如果思政教育没有与经济、技术等业务工作紧密结合，就会变成纸上谈兵，陷入虚无的政治状态。如果经济、技术等业务工作没有与思政教育紧密结合，就会失去正确的发展方向。只有加强思政教育的工作，才能确保中国特色社会主义事业的经济和技术工作朝着正确的方向发展，同时也能激发广大干部和群众的积极性、主动性和创造性，从而圆满完成中国特色社会主义事业的各项任务。

二、思政教育的作用

（一）导航作用

思政教育的导向和目标决定了它在引领学生思维、行为方面的重要作用。由于思政教育始终以特定阶级、集团的经济利益和政治统治为导向，其对人们的意识形态产生影响，这也决定了思政教育具有明确的方向和目标。因此，导航功能便成了思想政治教育的核心功能。它的导航作用主要表现在以下几个方面。

1. 对经济的发展起着导航作用

经济、政治和思想文化是人类社会生活的三大基本范畴，而经济又是人类生存与发展的基本依据。社会的经济活动是不可控的。目前尚无法得出答案的是，它们究竟走上了社会主义道路，还是走上了资本主义道路。

根据历史唯物主义的观点，经济是决定政治、思政教育的根本因素，政治则是经济发展的表现形式，经济在整个体系中具有首要地位，而政治、思政教育则是次要的衍生物。政治、思政教育的发展与形成，也可以积极地促进经济发展，为经济服务，并确保经济关系、经济活动朝着实现本阶级经济利益的目标不断前进，从而在经济方面扮演着重要的导航角色。

不同的思政教育对经济产生不同的导向效果：先进阶级、集团的思政教育有助于引导经济朝着积极方向发展，推动社会的进步。阻碍经济向前发展的是那些停滞不前、陈旧僵化的阶级、集团的思想教育，它会引发经济倒退的现象，进而导致社会经济的衰败，甚至全面崩溃。从阶级性的角度来看，各个社会阶层都试图通过思想政治教育将经济引导到符合自身利益的发展方向，以实现维护本阶层利益的目标。资产阶级的思政教育旨在确保经济始终保持资本主义的发展轨迹，以巩固生产资料的私有制。而社会主义的思政教育的目的在于引导经济朝着社会主义的方向不断发展。假如社会主义的思政教育发生了转变，演变成了资产阶级的思政教育，那么社会主义的经济就会朝着资本主义经济的方向迅速发展，也就是说资本主义经济的复辟将会出现。由此可见，思政教育在经济领域扮演着至关重要的导航角色。

2. 对理想信念起着导航作用

每个人都渴望追求自己心中的理想。理想是人们对未来的追求和向往，是人们为之努力奋斗的目标。每一个人都拥有自己独特的信念。坚定的信念是指人们在一定的认知基础上，对某种理论、主张、见解、观点、理想等深信不疑，并为之不懈努力的精神状态和坚定的看法。那么，崇高的理想和卑劣的理想、科学的信念和非科学的信念是怎样形成的呢？它是不同思政教育的结果。正确的思政教育能够帮助人们树立崇高的理想，确立科学的信念；错误的思政教育能使人形成卑劣的理想，使人接受非科学的信念。比如，用马克思主义的科学理论来对人民进行教育，可以让人民树立起在21世纪实现社会主义现代化的共同理想，让人民树立起为实现共产主义而奋斗的崇高理想，让人民坚定对社会主义和共产主义的信仰；如果用封建迷信去教育人，就能把人引向深渊，引向自我毁灭的道路。因此，思政教育对人们的理想、信念起着方向性的指导作用，即起着导航的作用。

3. 对人们的行为起着导航作用

行为是指受人们思想支配而表现在外的活动，即人们的行动、动作和作为。

人的行为是极其复杂的，有经济行为、政治行为、法律行为、道德行为、宗教行为、精神文化行为，还有生理行为、操作行为等。

在人的复杂行为中，有正确的行为，也有不正确的行为。人的行为是受思想支配的，思想是行为的先导，行为是思想的反映。而人的思想又是各式各样的，有正确思想，也有错误的思想，不同的思想会产生不同的行为。

人的思想不是天生的，而是思政教育的结果。不同的思政教育会使人形成不同的思想，不同的思想又会导致不同的行为。因此，思政教育对人们的行为最终起着导航的作用。

随着人类实践经验的积淀，人们形成了一定的行为规范，如政治、经济、道德、法律等行为规范。人们的行为规范又是千差万别的，有先进的、正确的，也有落后的、错误的，不同的行为规范会使人们产生不同的行为。

人们的行为规范是在实践中积累起来的，国家通过思政教育把它们传播、灌输给人们，使人们将其内化为自己的思想信念，并逐渐转化为自身的行为。然而，不同的思政教育会使人们按照不同的行为规范方向活动。先进的、正确的行为规范教育，能使人们沿着正确方向前进，相反，则会使人们沿着错误方向行进。因此，思政教育对人们的行为起着导航作用。

以上对思政教育的导航功能进行了一些探讨，其实它的导航功能远不止这些，随着实践的发展，其导航功能也会不断得到扩展。

4. 对思想道德和科学文化教育起着导航作用

科学文化和思想道德文化是人类文明的集大成者，是人类社会进步的心灵结晶，是在人类社会长时间演进中逐渐积累的精神财富。它们的本质乃是社会的物质生产方式所决定的，是由社会经济基础所直接决定的。在同一时间内，不同阶层的人都拥有自己独特的思想道德和科学文化教育。然而，科学文化教育和思想道德教育本质上是没有明确指导的，它具备何种特点？属于哪个阶段？沿着哪个方向发展？它们与社会的经济基础直接相连，同时与思政教育密切相关，即采用哪个阶级的思想政治进行教育，就关系到思想道德和科学文化教育的阶级性质和发展方向。实际上，无论哪个阶层的思想道德和科学文化教育都受到特定思想政治导向的影响，这就要求高校思政教育要发挥好导航功能。如果以资产阶级的思想政治来进行教育，则思想道德教育将会在资本主义的道路上航行，而科学文化教育将会沦为资产阶级的工具，此时，思想道德与科学文化教育将会带有资产阶级的性质。如果用马克思列宁主义，也就是用无产阶级的思想政治来对学生进行教育，那么学生的思想道德教育就会朝着社会主义的方向发展，让科学文化教育为无产阶级服务，这个时候，学生的思想道德和科学文化教育就具有了无产阶级的性质。因此，无产阶级的思政教育能确保思想道德和科学文化教育沿着社会主义、共产主义的方向前进。

（二）育人作用

思政教育是通过塑造和培养人的思想政治品德来影响个人的成长和发展。所以，思政教育的基本功能在于培养学生的思维能力。

人的思想政治品德素养不是由先天决定的，而是由后天的培养教育所造就的。英国哲学家洛克说："我们的心灵是一张白纸，上面没有任何记号，没有任何观念，一切观念和记号都来自后天的经验。"[1] 我们的全部知识是建立在经验上面的，知识归根到底都是导源于经验的。洛克的看法是唯物主义的。从母体中诞生出一个新的生命时，他们的头脑中一片空白，随着新生命体的发育，家长们教孩子说话、走路，到三四岁时，孩子有了自我意识，家长、幼儿园教师通过讲故事、教歌谣等方式向孩子灌输做好人、不做坏人的思想。此后，社会、家长、学校不断对青少年进行思想政治品德等方面的教育。这就是说，我们是通过思想政治品德教育来培养和塑造青少年一代的。在人的成长中，人一刻也离不开思政教育，国家通过思政教育来培养一代代的人们。

但是，不同的思政教育会培育和塑造不同类型、不同性质的人。在奴隶社会中，奴隶主阶级为了维护自己的经济地位和政治统治，开办各种学校，向青少年和整个社会灌输奴隶主阶级的政治思想，即灌输君臣、父子、等级、特权思想，以培养效忠奴隶主阶级的接班人。在我国的封建社会中，封建地主阶级极力灌输"三纲五常""三从四德"思想，灌输君君、臣臣、父父、子子的思想，提倡忠孝节义，以培养封建地主阶级的接班人。在资本主义的社会中，资产阶级在"自由、平等、博爱"的口号下竭力向人们宣扬"金钱万能论"和利己主义的人生观、价值观，以培养资产阶级的接班人。在建立了生产资料公有制的社会主义社会中，

---

[1] 赵丰. 河流记[M]. 郑州：河南人民出版社，2019.

无产阶级进行着"为人类谋幸福""为人民服务"的教育,以培养造就无产阶级革命事业的接班人、社会主义的建设者和共产主义一代新人。

(三)调节作用

思政的调节作用指的是运用民主、劝导、调解、沟通、辅导、评估等方法,调整大学生的心理状态、情感状态和人际关系状态,提升大学生的思想觉悟,构建新型人际关系,推动和谐校园和和谐社会的构建。

大学生的思想是不断演进和蜕变的,就像一切事物都在永无止境地运动和发展。大学生的思想可能会朝着正确、积极、进步的方向发展,但也有可能朝着错误、消极、落后的方向发展。在新媒体时代,高校思政教育者必须紧跟大学生思想变革的步伐,并及时采取调控措施,促进第一种发展,限制第二种发展。

调节功能需要通过一定的途径或手段来实现。新媒体时代高校思政教育调节的途径主要有如下方面。

1. 能调适心理

大学生的任何一种活动都伴随有一定的心理现象。大学生的思想问题与心理因素紧密相关。例如,大学生的自卑、抑郁、恐惧、焦虑、厌世、偏执、逆反等心理问题往往与大学生的某些思想问题紧密相关。因此,教育部曾多次发文,要求高校在对大学生进行思政教育时,要及时了解大学生心理活动的规律和特点,开展好心理健康教育工作。运用心理调适方法(如心理咨询法、消极情绪调节法、身体锻炼调节法、角色换位法等),就是为了有效地解决大学生的思想问题,帮助大学生克服心理障碍,提高其心理健康水平。

2. 能调控情绪

大学生心理的一个重要方面是情绪。人们在日常生活中,努力地管理和操控情绪,情绪是生活中必不可少的一部分。

大学时期是人生中的第二个"心理断乳期",是一个非常注重个人成长、追求独特个性、情感丰富多彩、情绪变化激烈的阶段。大学生的情绪可以分为正面情绪和负面情绪两类。

在大学生的学习、工作和生活中,往往会遇到各种各样的矛盾、困难,甚至是挫折。比如,他们可能会面对学业和勤工俭学以及学业和工作之间的矛盾、财务上的困难、爱情上的挫折、学习上的挫折、人际关系上的矛盾等等。这些问题会使他们产生负面的情绪，如果不加以处理，就会给社会、给别人、给自己带来负面的影响。

新媒体时代，高校思政教育需关注大学生的负面情绪，以进行适度引导。可以通过解决矛盾、沟通思想、探究原因、转换关注、重新设定目标、进行体育锻炼等措施来实现情绪的发泄和转移，以使大学生能够有效地管理情绪。

3. 能调节人际关系

大学生的人际关系是指大学生与他人互动交流时所形成的人际互动关系，它在微观层面上展示了大学生人际关系的状况、影响和功能。大学生人际交往应该建立在彼此平等对待、相互尊重、互相关心、相互信任、相互帮助、共同合作的原则之上。

新媒体时代高校思政教育对建立社会主义新型人际关系以及对大学生个体的学习、生活、工作、成长和群体的发展都具有不可忽视的作用，主要表现在以下几方面。

一是能促进人际交往，增进了解，改变人际态度，调适人际关系。

二是能化解双方矛盾，理顺双方关系，促进问题的解决。

大学生在人际交往中，有时会因这样或那样的问题而产生矛盾和冲突。这些矛盾如果处理不好，就有可能激化。新媒体时代高校思政教育的日常工作之一就是要做好这方面的调节处理工作，引导大学生与他人、与某些相关单位和部门化解矛盾、消除冲突，遵循人际关系的处理原则，为建设和谐寝室、和谐校园以及和谐社会作出贡献。

第二章　新媒体与高校思政教育

本章介绍新媒体与高校思政教育，详细阐述新媒体与传统媒体的区别、新媒体与高校思政教育的关系、新媒体与高校思政教育融合的原因、新媒体时代高校思政教育面临的机遇与挑战。

第一节　新媒体与传统媒体的区别

新媒体和传统媒体虽然有"新"和"旧"的区分，但是它们都没有脱离媒体的范围。中国古代，"媒"特指介绍婚姻的地方，也就是为人做媒的地方。现代人引用过来，用于指代信息表示和传播的载体。"媒体"的英文"Media"一词来自拉丁语"Medius"，主要是桥梁或者中间之物的意思，在之后逐渐引申出信息介质的现代含义，作为一种两个实体之间过程性的表意词汇。Media 也被译作"媒介"。在西方传播视域里，Media 的本质含义大致有"信息说""环境说""社会机构说""文本章化说"等几种界定，还有一种颇具代表性的是"大媒体观"，简单来说，媒体就是能让任何事物产生联系的东西，这个东西同样不受形体的限制，可以没有固定的形态。虽然新媒体是相对于传统媒体而言的，但它们之间却有着本质区别。

一、新媒体与传统媒体的不同之处

（一）内涵范围不同

传统媒体和新媒体本身就具有一脉相承的关系，都存在于"媒体"这一语言域中。但是，两者也有明显不同。传统媒体虽然有常识层面的感性区分，但加以学理深究，这种区别也并不能简单一概而论，学界也有争论，关键在于如何理解"新"字。也就是说，传统媒体在何种意义上缺失了与新媒体区别开的"新"的概念，"新兴媒体"是否可以等同于"新型媒体"，还是两者再作区分，从而重释新媒体。新兴媒体的基本内涵，在硬件上主要依托于现代网络服务器和数字技术，以参与、交互和创新为基本运营旨归，达到分散化和个性化地生产、传播信息，其主要呈现形态为移动终端平台、流媒体和数字媒体等。新型媒体则有不同，新型媒体虽然建立在传媒新技术的基础上，提高了信息的质量，拓展了传播范围，但是其仍然没有脱离传统媒体的基础，它只是在传统媒体的基础上有所改进，跟传统媒体比起来弥补了许多不足，如车载电视等。因此，新型媒体可能在范围方面比较狭义，而传统媒体则更加趋向于广义。

（二）传播形式不同

传统媒体指的是通过一种古老的方式，也就是通过机械装置定期向社会公众传播信息或提供教育娱乐的交流活动，它包括广播、报刊和电视三种媒体，与近年来兴起的网络媒体形成鲜明的对比。

广播新闻以声音为主，其特征是转瞬即逝，难以记忆和保存，在视觉上缺少直观、生动的图像表现。广播的传播模式为线性模式，听众只能按广播节目的先后次序收听，并且不能重复收听。天气、接收方位以及其他电台频率的相似电波等因素都会对电台发送的电波频率造成干扰，进而对受众的收听效果造成影响。

报纸新闻的传播形式主要以文字为主，只能采用单一的、线性的报道方式，因版面限制而使得新闻信息的容量有限，对于客观的新闻事件需要进行抽象的概括，以适应大多数人的阅读需求，因此缺乏个性化，不能全面满足受众的阅读需求。此外，在这个信息时代，报纸新闻的更新速度以"天"为单位，远远落后于网络。此外，报纸的发行方面容易受到地域的限制，覆盖面有限。

虽然电视可以同时播放声音和画面，但与网络新闻能够传输文字、图表、图片、声音、录像、动画等多种形式相比，电视在内容丰富性方面有所不足。电视新闻的传播受节目时间的严格限制，只能在规定的节目时间内播放相关内容。电视节目的选择受限于地区和个人的新闻兴趣，观众无法自主选择他们希望观看的电视频道。因此，电视和广播一样，是一种线性传播方式，无法重复观看。

此外，这三种传统媒体在信息传播过程中都只是单向传递，即由新闻机构向受众传播信息，没有受众能够反馈信息的环节，受众只能被动地接收信息，而无法公开表达意见。

新媒体与传统媒体相比，"新"在以下几个方面。

第一，理念新。传统媒体一直以来都处于一对多的传媒模式，通过主宰话语权来影响人们的思想和意识形态。在这种传媒模式下，人们的自由意志往往被忽视甚至被掩埋，无法得到真正的实现。为了彰显人们的自由意志，我们需要一种新的传播方式，它能够打破既有传播中的话语霸权，给予人们更多的表达自由。这种革命不仅需要传播方式的改变，还需要传播载体的革新。新媒体打破了传统媒体之间的界限，也消除了信息发送者与接收者之间的隔阂，使得大众传播变得更加亲近和个性化，同时也让受众的自由意志得到了更好的体现。

第二，模式新。实现了从"一对多"向"多对多"的转变。受众的主动性和可选择性极大增强，每个人都可以进行大众传播；手机、互联网、博客、微博、微信等的密切配合，在"第一时间、第一现场"中显示出了巨大威力。

第三，效应新。产生了影响特定时间内、特定区域内的人的视觉或听觉反应的效应。

（三）传播内容不同

1. 体现在信息容量上

在传统媒体中，信息的容量非常受限，比如报纸的信息容量受版面的限制，电视媒体的信息容量受时间的限制。传统媒体很难在一次性处理各种复杂的内容时实现兼容。

新媒体传播所包含的信息量远远超过了传统媒体传播的内容。但其信息量会随着新媒体的受众普及度和在新媒体上发布消息的限制程度而有所不同。当越来越多的人可以利用新媒体这种传播资源，并且在受限制较少的情况下自由发布消息时，传播内容的信息量就会显著增加。因此，在网络和手机等各种新媒体平台上，我们可以看到各种各样的渠道和内容属性的消息。即使是针对同一个消息，新媒体传播内容也呈现出多个角度、多个方面。它不仅仅局限于官方渠道，民众也可以在新媒体官方平台的评论区中发表意见，这是新媒体传播内容中包含大量信息的重要体现。

2. 体现在内容的权威性上

传统媒体报道经过长时间的历史发展，积累了丰富的传播经验，因此在对相关信息和内容进行报道时具有权威和严谨的特点，其独特的报道模式使得对于新闻内容的准确把握更加精准。例如，《人民日报》和《经济日报》等平面媒体在新闻传播过程中创造了独特的品牌效应，被广大读者所信任和接受。

对于新媒体新闻来源的真实性，我们需要谨慎思考，因为它容易受到网络舆论的操控。在新媒体平台上，信息发布者鱼龙混杂，在新闻内容的刊发过程中不可避免地会有人混淆视听，散布一些虚假信息。

3. 体现在内容的差异上

传统媒体生成的信息在经过若干转载或者转播之后，信息内容基本保持原貌，其传播功能与价值也是一成不变的。

新媒体时代是用户生成内容的时代。用户可以根据自己的兴趣爱好与需要生成自己喜欢的内容，在互联网发展早期阶段出现的豆瓣社区、维基百科实际上也属于这类用户生成内容型网站。这就很可能导致一条稀松平常的消息在经过若干人的加工、评论、转发后变成"重要情报"，甚至被主流媒体所采用，并在很短的时间内产生轰动效应。此外，由于个人不同的兴趣与爱好使得同样一条消息在有需要的用户眼里是"珍宝"，而在另外的用户眼中则可能是垃圾信息。

（四）传播手段不同

1. 传播机制的差异

传统媒体常常采用单向传播的方式，将信息固定在一种媒介上，并通过强制性手段进行传播。受众者只能被动地接收，他们在某种程度上失去了话语的主动权。

新媒体具有更加宽泛的沟通途径，也就是一种新型的、多元化的沟通机制。例如，当互联网媒体发布了一条消息之后，受众能够马上作出反应，这种反应并非单纯的一对一的"函数式"交流，而是一对多的"映射式"交流，它是一种真实的、多层面的传播方式。

2. 传播等级的差异

在传统媒体中，公开传播消息很容易，但要在传统媒体上署名传播某一敏感消息则是非常困难的，特别是当这样的消息会影响主流意识形态时，这种做法更加艰难。尽管传统媒体可能使用"笔名",但是与网名相比,媒体运营者更有可能知道"笔名"背后的真实身份,因此"笔名"的隐蔽程度远远不及网名。

在新媒体的背景下,可以匿名的概率要大得多,任何一个虚拟的名称都可以成为信息传播的代言人。常见的情况是在网络等新媒体中,人们使用所谓的"网名"来展示自己。然而,"网名"背后隐藏的真实身份通常是无法被他人得知的。

3. 传播链条的差异

传统媒体的滞后性表现在对某个信息的传播过程中需要经历一系列的步骤,包括信息的发现、信息的正式发布、信息的传播过程以及信息的接收,这些步骤形成了一个完整的时间链条。一旦发生任何一个链条的意外,整个信息传播过程的实时性将严重受损。

新媒体的传播特点在于具备实时性,这是因为新媒体传播机制建立在数字化平台上,不受实物制约,同时人为主观控制因素和自然条件对数字化传播模式的影响非常有限。比如,我们都可以亲自感受到,在网上发布一条消息要比在报纸或电视媒体上发布一条消息迅速许多。

（五）传播管理不同

传统媒体在演进的过程中,已经形成了一套相对完善的管理机制,从而建立了一系列严密的监管规定。特别是之前作为宣传工具,它被赋予了政治的色彩。这种严谨的规定传统,在某种程度上是确保传统媒体有发展空间的关键因素。同时,传统媒体的可信度得到了提升,且传统媒体的运营更加规范和严谨。

新媒体的管理机制模糊不清,再加上平台的开放性,导致了"把关人"的地位发生了变化。首先,新媒体的海量时空范围、高速高效、操作简单等是其重要影响因素,使得"把关"的可行性被削弱。然后,我们还要考虑的是"把关人"这一角色的普遍性。随机变换的传授定位、无集权的管理机制,导致新媒体中的"把关人"角色不断变迁,进而引发各种虚假不实的报道泛滥,无法确保足够的权威性和公信力。

（六）传播效果不同

1. 受众对媒体的参与程度

受众的参与程度对于媒体事件报道的传播效果是一个关键指标。因此,媒体事件报道的普及程度将更大程度地取决于受众是否广泛参与其中。

传统媒体往往采用单向传播的方式，即将信息放在特定的媒介上，然后通过强制手段传播出去，受众很难融入其中，这一点在前面已经有所介绍。

新媒体的参与平台拥有广泛的参与人群，这是因为它是一个开放平等的环境。此外，民众加入到新媒体事件报道中来是非常方便的，没有更多客观物质条件的限制，这也决定了新媒体参与程度的提高。

2. 受众对媒体的需要程度

受众在进行媒介接触时并不是不假思索的、完全被动的，而是基于一定的需要对媒体内容进行选择性接触的。受众的需要可以分为"共同需要"和"特别需要"两大类。

传统媒体在满足全社会共同需要（如奥运会田径项目比赛时间、世界杯小组赛成绩、天气预报、国家重要政策公告、总统的政策演说等）方面素来具有不可比拟的力量，因为无论是从受众接触面的角度，还是信息来源的权威性角度讲，传统媒体是首屈一指的，其在进行大面积地公开传播此类信息时效果更佳。

新媒体中的社交媒体领域存在大量的"意见领袖"，比如新浪微博的加 V 用户等。社交网络是基于人际关系而建立的媒体，它的传播机制就是通过熟人关系、人与人之间的信任和忠诚度、"口耳相传"的人际传播形成口碑，从而达到预期的传播效果。为此，此类媒体在传播"满足非共同需要的信息"（如不脱色的唇膏、脱脂奶粉、某某餐厅的 8 折优惠信息、三个月到期的金融理财产品等这类新闻以及产品和服务类信息）时更具优势。

3. 媒体传播的互动程度

传统媒体新闻传播缺乏与读者互动，导致信息流向单一且难以形成良好的双向交流。

新媒体的独特平台为人们的沟通和交流提供了更丰富的渠道。不论是通过手机移动终端还是互联网，听众都可以与媒体进行实时互动，畅所欲言表达个人观点，同时也可以补充新闻内容。新媒体是一个让普通人能够展示自己独特个性和表达自我最好的平台。除此之外，新媒体作为先进科技的产物，还能够充分激发网民的舆论监督力量，从而确保媒体在后续新闻报道中的真实性。

二、新媒体与传统媒体的差异带给人们的启示

通过以上几个大方面的对比，可以得出以下启示。

第一，新兴媒体的涌现与迅速演进，极大地改变了人类的生产和生活方式，从而引发了人类社会在经济、政治、文化、思想等各个领域的巨大转变。传统媒体并非是新媒体的演变，而是一种内生的形态，而新媒体则是一种外部产生的全新媒体形式，是一股不可阻挡的技术革命浪潮。

第二，在比较新媒体和传统媒体时，我们可以得出传统媒体更容易受到主流意识形态的影响，并且更容易进行管理。在短时间内，新媒体不会完全取代传统媒体，因为传统媒体有一些独特的特点是新媒体无法取代的。

第三，为了未来自身的生存，新媒体和传统媒体之间的相互融合，是当今乃至以后媒体发展的必然趋势。新媒体和传统媒体通过相互融合，不仅可以实现优势互补、取长补短，优化资源配置，使传播效果达到最大化，还可以提高媒体传播的吸引力影响力，锁定传统媒体自身的客户群、读者群、消费群，从而增强媒体信息服务力度，适应时代发展。

第四，新媒体时代的发展进步使互联网等新媒体越来越成为主导和影响受众工作生活学习的重要力量，但也带来了一系列的社会问题，为此，要创新管理手段，引导新媒体发挥较好的服务作用。从当前来说，应当抓好以下几个方面：要充分认可新兴媒体的地位、作用和价值，让其有较强的发展空间和潜力，与此同时，合理地加以引导和疏导，让其为社会服务，为大众服务，为社会发展服务。对于新媒体，要建立健全相应的政策、措施，加强和完善立法；不断完善网络文化建设的平台，建立合理而科学的管理措施；建立和打造一支专业的网络队伍，加大对网络的监管。

可见，新媒体的发展已经势不可挡，而前进的步伐也从来没有停下来过，当然，新媒体想要达到完全取代传统媒体的目的仍然需要很长的时间，这在短时间内还无法实现。但是新媒体在慢慢赶超传统媒体的过程中，需要有一个准确的定位，做到取长补短，取传统媒体长处，补自身发展的不足，对于传统媒体要秉持取其精华去其糟粕的态度。而且新媒体在发展的过程中不能太过于刻板，传统媒体虽然有很多不足，但是其中不是没有可取的地方，我们要站在巨人肩膀上，在传统媒体的基础上进行创新。在发展进程中，一旦发现问题，要立刻主动积极地

解决问题。例如，传统纸质媒体《人民日报》《中国教育报》除了推出网络、开设微博微信，还研发了自身的用户端APP；中央电视台创办了央视网，还开通了微博微信，创立了"央视新闻"用户端。

第二节 新媒体与高校思政教育的关系

一、新媒体对思政教育的影响

随着科学技术的不断发展，以及新媒体平台的平稳运行，人们对于新媒体的依赖性逐渐变强。新媒体的出现影响着人们的日常生活，悄无声息地改变他们的生活习惯、学习方式和工作渠道，而且作为一种新兴的传播载体，其对我国高校思想教育也产生巨大的影响。新媒体的优势在于不仅能够将其视为思政教育体系中的重要因素——载体，并且加以完善与运用，而且也能够把它看作是社会发展背景下的关键要素，并且加以衡量与考虑。由此可见，新媒体与社会生活存在紧密的联系。在现代化生活中，几乎所有人都会接触手机、在线刊物、网络媒体等，有时甚至全然依赖这些，所以长期以来，与新媒体"打交道"已经成为一种普遍的生活方式，这样也使得新媒体对社会群众的生活习惯、思想价值观和交往方式等有着深刻影响，而且也对高校思政教育产生了巨大影响。比如，在传统社会生活中，人们总是通过各种文件、会议等形式来获取相关的思政信息，而在科技发达的今日，人们可以利用新媒体来掌握更多的思政信息。然而，这也对高校思政教育提出更为严格的要求，即凭借新媒体来传播一些思政道德规范与知识，从而发挥其应有的作用和影响。

人们对于利用新媒体来传播各种信息的认识与评价，往往会自动形成新潮的议论环境，而这样的环境又会对思政教育工作产生重要影响。一般说来，轻松的议论环境具有强化思政教育的功能，同时可以扩大思政教育范围，从而进一步促使社会公众塑造适应社会发展的思想道德修养，但那些不良的议论则会使高校思政教育陷入困境，甚至严重削弱教育实效，不利于大学生道德修养的科学发展以及思政教育心态的养成。出现上述两种情况与信息的筛选与传播有重要的关系。因此，新媒体传播应是以传播者自身对客观世界的认识来间接影响受众者对客观世界的看法。在新媒体平台上，传播世界并非没有可能，但需要传播者在辨识的基础上加以选择。然而，这种被人为加工过的信息世界常常是扭曲的、昏暗的，却总被视为真实客观的世界而被人们广泛接受。在快速发展的当下，新媒体逐渐成为人们日常生活的重要组成部分，越来越多的人都会主动地、自发地接受新媒体对真实世界的客观诠释。思想素质信息隶属于价值类信息的范畴，而新媒体对这一信息的阐述和解释则可以充分彰显传播者的思想价值观导向，这种导向同新媒体传播的广度和深度相融合形成社会议论环境。一旦受众者处于此环境之中，势必能够清晰地察觉到社会所提倡的内容、制约的内容和反对的内容。面对不可忽视的选择压力，人们会下意识地选择并接受社会所倡导的主流思想信息，不断塑造他们的思想道德品质。

二、思政教育对于新媒体的解释

第一，可以推动社会主义文明建设，促进高校学生实现共同理想。新媒体能够利用主流思想规范来引导当下大学生，所以具有帮助大学生塑造共同理想与目标，以及激励他们意志与愿望的现实作用。作为一项全新的任务，新媒体将党和政府的政策方针、社会主义思想以及富有时代精神的人文轶事传递给广大人民群众，而在思想道德形成过程中，大学生逐渐成为新媒体任务执行的直接受众者。新媒体在思政教育方面的持久而广泛的推广和宣传，对建设社会主义文明、增强受教育群体的思想价值观念、引导大学生实现社会主义理想等具有极其重要的意义和作用。需要关注的是，新媒体通过不同的形式手段，以一种寓教于乐的教育模式将具体内容更为直接地、深入地传递给高校学生，不仅能够提高思政教育效果，而且也能够使思政理念深入人心。

第二，可以充分满足高校学生的实际社会性需求，引导他们与时俱进。在当前社会生活中，新媒体与人们的社会性需求有着密切的联系。通常而言，人类在幼年时期具有较强的视听能力、阅读能力等之后，就会逐渐与媒体保持着一种微妙的关系，而成年后更与媒体息息相关。高校学生处于承上启下的过渡时期，同时也是人生发展过程中的特殊阶段。尽管传统的教学模式依然是高校学生实现社会化的根本渠道，但大部分高校学生触碰新媒体所花费的时间和精力要比在校学习多，所以说新媒体能够最大限度地满足学生的社会性需求。新媒体在社会性需求方面的作用集中体现为：帮助学生获取有关信息，不断强化知识与技能；引导他们形成科学的价值观以及规范体系；让他们更好地进行学习与角色扮演等。总而言之，新媒体可以满足高校学生的社会性需求，特别是继续学习的需求，促进当下青年学生全面可持续发展，推动高校思政教育工作的开展，从而更好地培养大学生的思想道德意识。

第三，可以调整高校学生的校园生活，提高精神质量。高校思政教育最显著的作用在于满足大学生的精神发展需求，不断提高其精神品质。正是由于新媒体对学生在生活方面的调剂，才使这一重要作用得以发挥。比如，高校学生可利用新媒体开阔自身的眼界，熟悉外部环境中的有趣事物；可以阅读诗歌、散文以及小说等不同体裁的文学作品，观看体育比赛、音乐表演、演唱会、戏剧等，进而乐在其中，得到慰藉；可从新媒体的具体内容中寻求刺激感，使得单调而乏味的生活激起千层波浪，同时也让平静的内心增加亢奋。这样一来，不仅丰富了高校学生的校园生活，而且也有效增强他们的生活品质，从而使他们好好地尽享生活。

第四，可以营造和谐宽松的思政教育氛围，增强其教育实效。高校思政教育只有在规定的环境下才能够有效开展，其教育实效与传播媒介、教育氛围及模式等有着密切的联系。所以，思政教育所传递出的一些道德必须适应高校环境，并为之所接受，才可以从真正意义上转化成一种自我意识，最终成为最科学的理论导向。倘若被排斥或否定，这些理论规范将变得毫无意义，当然也难以被高校学生所接受，思政教育工作也将陷入困境。由此可见，促进思政教育在精神生活、物质生活等方面的发展，优化高校教育教学氛围，已成为新形势下思政教育工作的核心内容。利用新媒体，我们可以不断地推广并宣传社会主义核心价值观、主流思想理论、先进人物以及感动事迹，抛弃传统落后的理念，从而形成积极而开放的议论场，促进高校良好学风的发展，净化校园社会环境，营造和谐轻松的传播氛围。此外，新媒体还可以引导先进思想的广泛传播，积极宣扬并表彰不同行业的人物事迹，批判一些不良的社会现象，从而潜移默化地影响受众者，培养21世纪大学生的科学价值观，促使他们思想道德意识的有效提升，以此达到高校开展思政教育工作的最佳效果，实现其教育目标。

第三节 新媒体与高校思政教育融合的原因

一、新媒体是在校生校园生活的一部分

当前社会形势下,移动互联网技术的飞速发展导致智能手机、互联网等多种媒介形式在社会生产和生活领域的应用范围不断扩大。同时,由于新媒体具有高效、便捷的特点,广大社会公众纷纷对其表示青睐,而大学生则成为移动互联网技术的重要用户群体。随着互联网技术的迅猛发展,越来越多的人开始使用互联网,尤其是在校学生,几乎每个人都会上网。与此同时,大学生的移动互联网使用量也在不断增加,这种趋势还在持续发展。新媒体已经成为大学生获取社会信息的主要途径,可以说,对于大学生来说,新媒体已经成为学习和生活中不可或缺的一部分。

二、传统思政教育形式难以满足现代发展需求

高校思想政治教育工作难以取得理想工作效果的主要原因在于学生对于思政教育缺乏兴趣,同时也未能深刻理解思政教育对个人成长和社会发展的重要意义。许多学生认为思政教育只是一些空洞的理论知识,他们认为没有必要去认真学习。这种片面的认识和态度对高校思政教育的成果产生了严重的影响。高校的思政教育内容过于单一,导致教学内容显得枯燥乏味,现代高等教育对高校的思政教育活动提出了更高的要求,因此传统思政教育模式需要进行改革,以适应现代高等教育的发展趋势。

三、新媒体与思政教育的融合更符合学生学习需求

在新媒体时代,年轻学生的思维认知更加独特个性化,他们对网络热点和时事新闻非常感兴趣。鉴于此,传统的灌输教育方式已经无法满足年轻学生的学习需求,我们需要利用互联网媒介来改变课堂教学模式,创造新的教学模式和教育工具,以建立一个开放自由的思政课堂,激发学生的学习兴趣。在思政理论课堂

上，教师可以利用新媒体平台，构建生动形象的教学场景，让学生积极参与到教学过程中，充分发挥自己的思维和情感，主动探索和解决问题，提高学习的自主性。举例来说，通过播放与抗日战争相关的影视片段，可以激发学生的爱国情感，并围绕相关内容展开讨论，以使学生深切体验到爱国主义精神对于个人理想信念的塑造作用，达到良好的爱国主义教育效果。在日常生活中，我们应该加强网络思政教育空间的建设，利用微信、微博、抖音等平台，制作并推送有关马克思主义理论和国家重大政策方针的解读等内容，以此来传播正能量，默默地滋润万物。

第四节 新媒体时代高校思政教育面临的机遇与挑战

新媒体作为现代科学技术中最具革命性的一项成就，以一种崭新的信息传播手段，加快了思想政治教育的知识传播速度，更好地满足了思想政治教育者与受教育者的双向互动需要，促进了思想政治教育的不断发展与完善。新媒体给高校学生的思想政治教育带来了很大的挑战，所以，在新的时代背景下，我们必须对高校学生的思想政治教育进行创新。

一、新媒体给高校思政教育带来的新机遇

（一）有利于共享思政教育资源

在新媒体时代，各种各样的信息媒介不断涌现，其庞大的信息量，让思想政治教育的内容具有丰富性和全面性，同时也具有客观性和可选择性。传统媒体的信息传递时效性比较低，但是新媒体的即时性可以弥补这一缺陷，让思想政治教育工作者可以在最短的时间内，将信息资源以专门的网站、网页、电子邮件等方式传送到互联网上，让学生们可以进行浏览和学习，从而极大地提升教学和工作的效率。

随着新媒体的迅猛发展，思想政治教育的内容呈现出立体化的趋势，从平面化的形态转变为多维度的形式，从静态的表达方式转变为动态的呈现方式，从传统的现实教育逐渐转向网络教育。思想政治教育工作者可以通过与大学生面对面的方式进行交流和沟通，也可以通过手机媒体、电脑网络媒体与大学生进行互动和交流。

新媒体的普及扩大了思想政治教育的覆盖面,并扩大了其影响力。这让大学生能够利用新媒体广泛地获取社会信息,与此同时,他们也能够接收到思想政治教育的信息,并在此过程中受到思想政治教育的影响,从而不断地提高自己的思想道德素质,进而在很大程度上提高思想政治教育的影响力和有效性。

(二)创新了思政教育工作的模式

新媒体已经为高校思想政治教育工作开创了全新的领域和空间。数字技术、计算机网络技术和移动通信技术等的发展,构建了一个庞大的网络体系,使新媒体具有了丰富的资源、巨大的信息容量、快捷的传输速度以及强大的交互性,同时呈现出多种形式,广泛覆盖各个领域。与以往的传播技术和交流工具相比,新媒体实现了根本性的跨越。大学生通过利用新媒体工具,能够在时间和空间上突破限制,实现思想的交流与感情的传递。在这个全新的领域中,随着思想政治教育内容的日益充实,思政教育工作的涵盖范围变得更加广泛,表现形式变得更加多样化,呈现方式变得更加隐晦,形势变得更加复杂,挑战难度也日益增加。新兴媒体将家庭和学校联系在一起,利用新媒体工具,家长能够随时、随地了解学生在学校的日常生活和学习进展,从而实现思想政治教育的连贯性。高校在新媒体时代应积极开展思想政治教育,可以通过建立自己的思政教育网站,利用信息网络平台以及网站的信息传播空间宣传思政教育,以达到对大学生进行有效思政教育的目的。大学生可以通过浏览思想政治教育网站,增长政治时事知识,培养和加强自身的道德思维能力。

新媒体是高校思想政治工作的重要载体。传统的思想政治教育,其形式太过单一,仅仅局限于课堂、交流会以及面对面的交谈,这种局限性导致了教育的形式缺少多样化,而且还会受到时间和地域的制约。在新媒体时代,高校思想政治教育可以借助新媒体技术,突破时间和地域的限制,借助于丰富的、多样的思想政治教育内容对高校大学生进行教育。此外,新媒体时代发展出一系列社交方式,例如QQ、微信、微博、网络论坛等,这些社交方式具有快捷、灵活、互动性强的特点,在高校思想政治教育的过程中发挥了重要作用。

新媒体为高校思想政治教育工作提供了新模式。传统的教育模式由于缺乏时代特征,已经不能与新媒体的时代特征完全接轨。传统的思想教育模式是一种单向的模式,是一种"一刀切"的模式,更多的是一种指令性的教育模式。新媒体背景下的思想政治教育的模式是一种双向的模式，借助新媒体技术，这种双向模式能够通过图片、文字、视频、音频等声情并茂的形式进行传播。新媒体时代的教育模式将高校的校园文化与新媒体文化相结合，在推动新媒体技术发展的同时，积极推进高校文化建设，丰富校园文化内涵，扩展校园文化内容，拓宽校园文化功能。大学生的成长需要与新媒体文化相融合，以丰富他们的思想道德素质，同时推动他们将"现实"和"虚拟"相结合，以促进思维的发展。同时，我们应该协调思想政治教育与新媒体的价值影响，丰富高校思想政治教育的内涵，并创造出积极健康、文明向上的高校文化氛围。

（三）扩大了思政教育工作的开放性和自主性

当高校思想政治教育与新媒体的开放性相融合时，传统的教育方式和教育模式将被摒弃，从而使高校思想政治教育更加开放，信息渠道也将呈现出更加多元化的状态。在现代社会中，新媒体的开放性和自主性为人们提供了多元化表达个人思想的机会，成为传播思想政治教育的创新途径和新的传播工具。在新媒体蓬勃发展的时代，高校大学生作为新文化的领军人物，他们通过运用新媒体增强自身获取信息的能力，走在了时代的最前沿。新媒体时代的大学生在民主平等的思想政治教育环境中拥有越来越多的表达空间，他们利用这种扩大的话语权与社会上的不良事件和风气进行抗争，同时传播着自己的政治价值观。

网上思想政治工作必须坚持网上宣传的主流思想，探索多种宣传形式，以满足网上思想政治工作的需求，并不断改进思政教育的方法和方式，力求增强说服力、影响力和战斗力。思想政治教育工作者应当充分发挥网络的独特优势，抓住时代的脉搏，弘扬时代的主旋律，在新形势下充分发挥思想政治工作的"服务保证"作用。

在新媒体技术的推动下，高校思想政治教育通过学科资源和教育工作者的协同作用，为大学生提供了有力的思想政治教育。在新媒体的推动下，教育者与受教育者之间实现了地位上的平等以及交流上的平等。这种教育模式充分尊重了受教育者的主体能动性，激发了他们学习的积极性和创造力。

（四）增强了思政教育的可接受性

在思想政治教育工作中，教育者与被教育者之间的信任水平是决定教育效果和教育质量的关键要素。在传统的思想政治教育关系中，教师常常摆出一副高高在上的姿态，以一种"我说你听、我批评你服从"的方式对待学生，这导致学生往往不敢向老师坦诚地表达自己的想法，师生之间缺乏真正的沟通和良好的互动，从而影响了大学生思想政治教育的效果。

新媒体作为一种现代化的交流平台，极大地拓宽了现实世界与虚拟世界之间的交流渠道，从根本上推动了人们的交往方式的变革。角色虚拟应用者与交往者保持着相对平等的心态，平等地利用微博、QQ 等工具，自由地畅谈自己的思想、观点，对自己感兴趣的话题发表真实的建议和看法，支持什么、反对什么，在网络中可以畅所欲言。因此，在心灵交流方面，交往者可以毫无保留地表达内心的想法和情感，从而更容易达到更深层次的交往。在新媒体时代，教育者与受教育者之间的沟通方式也发生了相应的变化。通过利用微博、QQ 等新媒体，大学生的思想顾虑和心理负担可以减少，从而使他们更加敢于坦率地表达自己的想法和观点。因此，也会给双方带来一种在人格、权利和地位上平等的感受，这有助于建立一种和谐轻松的氛围，从而消除师生之间的隔膜，增强师生之间的信任，使得思想政治教育能够取得良好的教育效果。

在新媒体的背景下，角色之间还可以相互转变。在网络中接收和吸收各种思想政治教育信息时，参与者以受教育者的身份出现，而在参与网络各种信息的制作、发布等网络实践活动中，参与者则扮演教育者的角色，将自己的思想、观点、看法及信息传播出去。这对于教育者来说是非常有益的，因为它可以帮助他们更好地了解大学生的真实想法，进而使思想政治教育工作更加有针对性，同时也有助于对相关问题进行更深入的探讨，提高思想政治教育的实际效果。

（五）为思政教育提供了新的发展契机

思想政治教育的有效性主要依据就是思想政治教育目的和意图的实现程度。要使思想政治教育达到最好的效果，内化是一个重要的环节。新媒体技术的广泛应用，为高校思想政治教育工作的创新以及推动高校思想政治教育工作内化创造了新的机遇。一是互联网上的信息共享的丰富性为高校思想政治工作提供了丰富的资源；二是互联网传播的快速、传播的隐蔽性使人们能够及时、准确地了解人们的心理状态以及人们关心的热点话题，增强了思想政治教育的针对性；三是由于网络中的平等主体、互动关系，学生能够积极地参与到对话中去，并能够将教育转变为自我教育，提高思政教育的效果；四是互联网传播的超时间和空间特性极大地拓展了高校思想政治教育的范围，推动了其社会化进程。

而新媒体所具有的开放、超时空的特点，更有利于培养大学生的多元文化理念、全球化意识。新媒体在网络交际中所体现出的自由、平等的特点，对提高大学生的民主、权利意识具有重要意义。互联网信息的快速传递与更新有利于提高高校学生的效率、竞争与创新意识。网络匿名化有利于降低高校德育工作的外部制约以及提高高校德育工作的自主性。由此可以看出，对新媒体技术的综合应用，有利于培养大学生的独立性、自主性、创造性等主体性品质，从而达到思想政治教育的最佳效果。

二、新媒体给高校思想政治教育带来的新挑战

新媒体时代，信息的自由传播扰乱了信息传播的环境，容易造成媒体的失范，使得个人隐私、伦理道德、信息安全等一系列问题频频出现，这一切很容易对高校大学生的思想道德、政治观念产生负面影响，为高校思想政治教育工作带来极大的挑战。

随着"第四媒体"在世界范围内的不断深入，以互联网为载体，网络日益成为人们进行各种舆论斗争的最前线。网络舆论是指在网络上，人们对于一个"焦点"或者"热点"事件所表达的具有一定影响力和倾向性的观点的一种形式。在大学生思想政治教育中，网络舆论是社会的"晴雨表"，它能更好地反映社会思想状态。如何正确认识网络舆论，及时掌握舆论动向，引导舆论走向，是当前高校思想政治工作的一个重要课题。新媒体技术无时无刻不在改变着大学生的生活和学习方式。新媒体的广泛使用，为大学的思想政治教育带来了新的问题，也给新时期大学的思想政治教育工作带来了新的挑战。

（一）思想政治教育内容方面的挑战

新媒体时代的信息传播，在一定意义上呈现出一种"时间无屏障""空间无屏障""资讯无屏障"的状态。在互联网上，每一个人都可以成为信息的发布者和接收者。正是因为网络传播的这种交互性，使得网络上的信息良莠不齐、真假难辨，充斥着谎言、讹言、毫无理性的胡言等，海量的网络信息对大学生的思想

观念和道德认知产生了深远的影响。新媒体负面效应的存在，让大学生思想政治教育舆论引导的难度变得更大，同时还削弱了传统思想政治教育的功能和效果。

1. 新媒体背景下思政教育的主旋律受到冲击

当在此之前，大学生的世界观、人生观、价值观和社会主义政治、道德和法治理念是大学生思想政治教育的主要内容。新媒体的出现，极大地拓宽了大学生的知识学习和知识选择的空间，给大学生的思想政治工作带来了新的挑战。

在新媒体时代，信息的传播方式越来越多，在互联网上，人们可以在任何时间、任何地点发布信息，发表意见，且操作简便，传播速度快。不同地域、不同意识形态、不同年龄、不同职业、不同经历的人们都能在网络上以匿名的方式进行沟通，这使得网络的互动环境十分复杂。而在目前的阶段，新媒体中的信息的控制和过滤技术还比较落后，有关的法律和规定还不够完善，对新媒体中的信息传播内容的控制非常困难，这就造成了各种思想观念、政治观点、价值观充斥在新媒体中。

对于处于世界观、人生观、价值观塑造的关键时期的大学生而言，他们并不能够对海量的互联网信息进行有效的识别和处理，他们很可能会在一定程度上被西方发达国家的资产阶级意识形态、价值观念和生活方式所左右，一些大学生对共产主义理想、社会主义信念和集体主义原则产生了动摇，这为思想政治教育工作者敲响了警钟。

2. 新媒体使得网络出现了各种不良信息

新媒体的开放特性使得它容纳了大量的信息，其中不仅包含了许多先进、健康、有益的信息，同时也包含了一些庸俗、迷信，甚至是反动的信息。毋庸置疑，这种"垃圾"信息所产生的消极效应对年轻大学生的身心健康有着极其不利的影响。

网络传播的门槛比较低，任何一个人都可以成为信息的发布者，所以，信息的质量良莠不齐，有大量的虚假信息，让人很难分辨出是真是假。由于互联网上的信息量太大，很难进行审核，有些网站甚至会散布一些不合法的信息，以获取更多的点击量。随着新媒体的出现，垃圾信息已经成为一种新的市场营销方式。新媒体的传播速度快，覆盖面广，使虚假信息有了可乘之机，在网络上进行欺诈的现象时有发生。

网络流言具有很大的危害性。在互联网上，总是有一些别有用心的人，编造出文字、视频、图片等多种形式的信息谣言，企图借助网民的亢奋和强大的力量，实现一定的目标。在互联网上，人们对流言的辨别能力将被极大地削弱，使流言可以迅速地传播开来，持续地将群众的行为推向极端，最终导致灾难性的后果。

3. 新媒体成为西方国家意识形态渗透的媒介

对任何一个社会或国家而言，成功的意识形态既可以起到让人们认同现行制度的作用，又可以起到维持社会发展与国家稳定的作用，还可以作为一种准则，帮助人们在现实社会生活中作出相应的价值判断。互联网连接着世界各国，各种文化形式和意识形态或相互融合或相互碰撞。但是，因为人们获取互联网资源的不平等性，导致了互联网上"文化霸权"的形成，这一现实是不能忽略的。

（二）思想政治教育模式方面的挑战

在传统意义上，思想政治教育主要是通过直接、面对面的方式与学生展开对话、互动，从而指导并激励他们强化自己的思想道德，让他们更加热爱自己的祖国，也让他们更加坚定自己的理想信念和社会责任感。这种教学方法在情感交流方面表现出了很高的互动性，它可以对学生进行有目的的指导，因此可以取得很好的教学效果。新媒体的崛起，对大学生的思想政治教育造成了深刻的影响，它给大学生思想政治教育的环境带来了极大的变化，这对大学生思想政治教育的过程和方法提出了新的要求和挑战。

1. 新媒体使得高校思政教育环境更加复杂

在信息科技不发达的条件下，学生们只能通过报纸、电视和广播等媒体来获取信息。然而，这些媒体传递的信息内容可以被政府和学校进行过滤，因此思想政治工作者拥有主动权。学校可以坚持党性原则，以社会效益为首要目标，将不正确的观点和不恰当的信息排除，以确保传播社会主义主旋律的教育。在新媒体环境下，大学生接受教育的空间非常宽广和自由，然而新媒体的开放性特点导致各种非主流声音、各种政治和社会谣言甚至危害国家安全的信息在网络和现实中广泛传播，对大学生群体产生了负面影响。在这种情况下，高校应充分发挥党和政府在思想政治教育方面的领导作用，深刻认识到争夺互联网阵地的艰巨性和重要意义，以"培养什么人、如何培养人"为根本问题，积极探索适应社会主义事业发展的新途径。我们应该采取切实可行的措施，有针对性地、充分地利用主流网络信息来占领网络空间，尽量减少非主流信息的传播，引导大学生树立正确的世界观、人生观、价值观、道德观，提升他们抵制腐蚀思想的能力，确保大学生思想政治教育的实际效果。

2. 新媒体影响着高校思政教育过程

通过新媒体，大学生可以接触到各种各样的信息，包括各门类学科知识、时事报道、奇闻轶事、思想言论等。新媒体信息的传播跨越了时空的限制，通过传媒技术把世界各地的人们联系在了一起。各种不同意识形态、政治制度、文化背景下的思想观点混合在一起，极易导致世界观、人生观尚未完全成熟的大学生在对新媒体中多元化的思想观念进行价值判断时，产生各种困惑。当大学生面对社会上的各种难题时，他们迫切需要一个有说服力的答案，来解答自己心中的种种疑惑。然而，随着大学生对新媒体的使用越来越多，他们的思想状态和心理需求也越来越多，这给思政教学者增加了很大的难度。在新媒体环境中，因为大部分人使用的都是自己的代号，而不是自己的真名，所以老师们不能了解到底是什么人在表达自己的观点，也不能了解学生们所关注的问题、遇到的难题以及他们内心的真实想法，所以，大学生的思想政治教育工作很难真正地从学生的心理需要入手，有针对性地为学生们解决现实中遇到的问题，有的时候不仅没有达到预期的教学效果，反而还会引发学生们的逆反心理，造成不良影响。现在，很多大学都已经建立起了自己的校园内网站，并开设了"思想政治教育"栏目。但是，这些网站的内容很单一，形式没有灵活度，语言也不够生动活泼，缺少对大学生的真实心理需要进行的有针对性的研究，因此没有吸引力。此外，高校在对网站的管理和维护方面也是相对落后的，页面更新速度缓慢，因此，现在大学生们对这类网站的访问次数并不多，效果也不是很好。

3. 新媒体影响着高校思政教育方法

在高校思想政治教育课上，传统教学主要以摆事实和讲道理为主。思想政治教育工作者可以使用课堂宣讲、个别谈心等面对面的形式，通过动之以情、晓之以理的方式，帮助受教育者提高他们的思想认识，解决他们所面临的问题。这种方式针对性极强，好处很大。但是，随着新媒体的到来，思想政治教育的方法也面临着新的挑战：首先，讲课、谈心这些需要在合适的地点、合适的时间进行的教学方式，在新媒体的环境下，学生的受教育空间更广泛，也更自由，这种情况下能否取得理想的教学效果？其次，教学效果的好坏，又取决于教师在教学中的临场发挥。一般情况下，一个教育工作者很难做到每一堂课都讲得很好。在课堂教学中，学生在课堂上受到老师的感染，使课堂教学的有效性得到了充分的体现。新媒体环境下，脱离了现场教学的氛围，如何保证教学的感染力？面对新媒体的互动性、个性化、多元化等特点，如何在新媒体环境下构建一种大学生乐于接受的思想政治教育模式已成为当务之急。

（三）思想政治教育工作者方面的挑战

在新媒体时代，大学生有着强烈的求知欲，这让他们成为新媒体最早的接受者、使用推广者。但是，教育工作者却存在新媒体技术意识淡薄、网络技术水平较低、缺少对新事物的敏锐性、观念更新不够及时等缺点，使得他们处在了信息的劣势之中。所以，高校思想政治教育工作者要掌握、熟悉新媒体并运用新媒体，这是高校思想政治教育发展的决定性因素。

1. 新媒体时代对思政教育工作者的主体地位提出了挑战

在进行传统的大学生思想政治教育的过程中，思想政治教育工作者不仅拥有理论上的优势，还拥有丰富的历史人文社会方面的知识，同时还拥有多年的知识信息积累，以及对传统媒体的熟稔，因此他们占据着绝对的主动权。思想政治教育工作者既"掌控"了思想政治教育的内容，又"掌控"了其实施的全过程。在进行教育的过程中，能够对社会政治、经济和文化的动态进行及时、准确地把握，并将其与思想理论教育有机地结合起来，让教育的形式变得更为丰富多彩，教学内容也变得更为丰富，与此同时，还能将个人的教育魅力充分地展现出来，这样就增加了思想政治教育的吸引力。

但到了新媒体的时代，这一模式开始发生了变化。大学生是运用新媒体的主要力量，他们对社会上的种种现象十分敏感，利用新媒体方便、快速地查找、获取所需的信息。新媒体已成为传播思想的基本载体，从而"撼动"了思政教育工作者在思政教育中的"主体""主导"的地位。受教育者和教育者的地位从隶属关系转变为相互学习、相互促进的平等关系，这样就改变了受教育者自身在传统教育中的知识信息劣势的格局。这对于传统的思想政治教育工作者来说，无疑是一个巨大的挑战。

2.新媒体时代对思政教育工作者的知识结构提出了挑战

新媒体的出现，对大学生思想政治工作提出了新的要求。新媒体打破了单一的知识传播模式，多元的信息让学生有了更大的选择空间，提高了他们学习的自主性，在某些时候，教育者接收到的信息比受教育者要迟或更少。新媒体作为一种新型的、平等的、互动的传播平台，可以极大地激发大学生的主体意识，进而影响他们的认识和接受方式。由于信息的渠道更加宽广，视野更加开阔，学生们也不会再像以前那样被动地接受知识。他们利用自己的是非观和判断力，选择自己认为正确的观点，主动获取知识，并与教师进行平等的沟通，这既是教育的发展，也对教育者知识上的掌握提出了更高的要求。思想政治教育工作者要对互联网对大学生思想政治工作的各个方面的影响进行科学的评估和研究，不断地加强自己的网络知识和技能，提高自己在网络上与学生沟通的能力，从而真正地成为大学生健康成长的指导者和引路人。

3.新媒体时代对思政教育工作者的相关素质提出了挑战

在思政教育工作中，思政教育工作者的素质涉及多个方面，包括但不限于思想素质、文化素质、政治素质等。提升思想政治教育工作者的有关素质，可以有效地提升思政教育工作者个人魅力以及对教育对象的吸引力，从而使教育对象愿意"追随"思政教育工作者步伐，按照教育工作者所教授的理念与内容，形成与社会发展相适应的思想观念与行为模式。在新媒体环境下，伴随着网络信息技术异常快速的发展，大部分思想政治教育的内容和观念都在网络这种新媒体中呈现出了各种各样的形式，对大学生产生了很大的吸引力。相对于思政教育工作者的谆谆教诲，高校学生更愿意在网络上学习、汲取知识。

要在互联网的指引下，引导大学生找到自己所需的信息，既要有政治、文化等基本素养，又要有基本的网络素养和筛选信息的能力，这就对高校思想政治教育工作者的素质提出了更高的要求。建立一支具有高思想道德素质、高政治理论水平、良好的心理品质以及有一定创新能力的高素质的思想政治教育工作队伍，这是在新媒体时代中解决大学生思想政治教育中存在的问题的一条行之有效的途径。

第三章 高校思政教师队伍建设

本章对高校思政教师队伍的建设进行阐述,第一节介绍我国高校思政教师队伍发展现状;第二节则对思政教师队伍建设的重要性进行说明;第三节是高校思政教师队伍建设的策略研究。

第一节 我国高校思政教师队伍发展现状

高校思政教师在引导学生塑造唯物主义的人生观、世界观和价值观的过程中扮演着至关重要的角色。他们的职责为在马克思主义、"三个代表"重要思想、毛泽东思想、邓小平理论、科学发展观以及习近平新时代中国特色社会主义思想的引领下,在课堂上用科学的思想观念对学生开展教育,引导学生树立正确的理想观念,坚持党的基本路线,以建设中国特色主义社会为己任,最终使得学生的素质和素养得到全面的提高,成为社会主义事业的接班人和建设者。

40多年来,随着改革开放的不断发展和深入,我国高等教育事业蓬勃发展,政治经济体制改革不断深化。在这一背景下,党和政府重点关注高校思政教师队伍的建设。由此,高校思政教师队伍建设不断完善,取得了显著的成就。但需要注意的是,高校思政教师队伍在发展过程中也出现了一些问题。

一、教师队伍结构不合理

目前,因为传统原因和现实限制,大多数高校思政教师学历水平较低,他们多半是大学本科学历,专业并不对口,且总人数中留校学生占绝大部分,这无法达到高校发展和改革的要求。大多数高校思政老师入职之后没有接受过系统性的专业培训,这使得他们在专业背景狭窄的情况下,缺乏专业技能和科学的管理知识。因此，他们在新时期出现问题时，很难及时、有效地进行分析和解决，这常常导致思政教育工作的停滞。大多数的高校思政教师做不到终身学习，不会根据工作性质有选择地结合自身情况扩展自己的知识面，这使得他们的教学能力受到了限制，在知识面狭窄的情况下，无法有针对性地开展思政教育工作，不能因材施教、有的放矢地根据学生情况、形势状况的不同，开拓自身的视野，拓展崭新的知识领域。因为以上各种各样的原因，高校学生在提出问题时，高校思政教师很难从理论高度上详尽地回答学生的问题。尤其是当今社会经济高度发展，人们的知识平均水平也在不断地上升，知识需求也在逐渐地增大，教师若无法满足学生学习新知识、新科技的愿望，不能把小的道理讲正确，深的道理讲透彻，大的道理讲切实，歪的道理讲倒下，便会在学生面前失去威信，难以影响学生、凝聚学生和说服学生。在这种情况下，教师失去了使学生信服的能力，难以引导大学生思想积极的发展。

二、教师队伍发展不稳定

当前，许多高校中存在着相当数量的缺乏干劲、思想基础薄弱的思政教师，其中有很大一部分是年纪较轻的思政教师。他们缺乏成体系的理论知识，对思政教育的认识比较片面。这些教师由组织安排的居多，小部分的思政教师是根据自己的意愿从事思政教育行业，打算本分、长期地留在思政教育领域发展。

近年来，高等教育改革在不断地深化，全国各地高校也逐渐引入竞争机制，在这种情况下，越来越多的高校思政教师开始放眼未来，开始权衡当下从事的思政教育工作是否能为他们的职业生涯带来好的影响，或者开始担心岁数增长后的转岗问题。这样的担忧会使得他们的思想压力不断增加，对未来前景感到不安。与此同时，市场经济的高速发展也造成了社会利益的重新分配，从事能够直接产生经济效能工作的人，通常会得到与他们所付出的相应收入，然而，那些从事能够带来社会效益但经济贡献不突出的人，常常不能得到与付出相称的收入。高校思政教育便属于后者的领域。尽管他们不断地努力工作，尽管他们为此付出了很多，但收入却没有任何改变，而且工作本身还存在很多问题，导致他们对旧有的方法失去了信心，对新的方法仍在摸索和探寻中。这种情况下会有一些高校思政教师对学生的思政教育工作感到不安、不专注、不热情。部分人随时准备转岗，只要有机会就选择离开，转而从事行政管理或教学工作。除此之外，还有一些年轻的思政教师选择报考研究生，通过"曲线转行"的方式来改变职业方向。这些情况破坏了高校思政教师队伍的稳定性，造成了大批师资的流失。

三、教师职责不明确

部分高校领导对思政教育的科学性、重要性及规律性认识不够，更注重教学科研而忽视思政教育，对于是否要将思政工作专业化与职业化的认识存在片面性，甚至认为这项工作没有实质性的成果，只是虚有其表。这种观念导致高校思政教师在职责和任务上面临很大的困惑。高校思政教师的工作职能主要集中在处理各种琐事，而思政教育的功能则得不到充分发挥，甚至导致他们只是成为一名事务人员、"勤杂工"和"保姆"，每天都忙于琐事，却很少有时间和精力投入到自己的本职工作上。与其他专业课教师相比，高校思政教师因为所从事专业的限制，在工作成果讲评、科研课题确定、学科带头人评定等方面处于不利地位，导致科研能力相对较弱，科研成果较少。因此，尽管他们工作勤奋、尽职尽责，但在职务晋升和职称评聘中仍落后于同期从事其他教学和科研工作的教师，从而影响到他们的工资收入和住房等方面的待遇。与其他专业课教师相比，高校思政教师常常感到自己处于一种"次要"的地位，这种情况必然会影响他们的工作热情，从而对整个思政教师队伍的建设产生不利影响。

四、部分教师没有良好的敬业精神

部分教师的人生观和价值观有失偏颇，为人处世功利心比较严重，在出现需要在个人与集体、奉献与索取、理想与现实中进行抉择的情况，他们往往以自我为中心，盲目追求自身利益，"大利大干，小利小干，无利不干"，[1]有的时候甚至会出现一些高校思政教师借着做老师有不少支配时间的便利，违反规定在校外从事兼职，而因此忽略了为学生进行思想政治教育的本职工作，不关心学生的思想波动，无视学生在日常生活中的变化，更没有闲暇时间为学生开展有益健康的各项工作，这些思政教师的行为无疑对高校思政教师在学生心目中的良好形象产生了巨大的损害，且教师的工作效果也无法保证。

---

[1] 尹伯成. 大众经济学 [M]. 上海：复旦大学出版社，2013.

第二节 思政教师队伍建设的重要性

在当前不断发展的形势下，高校思政教师队伍建设所面临的环境已经发生了巨大的变迁。从大环境视角看，在全球政治经济格局不断变化的背景下，国际社会正在形成一种新的秩序，我国的社会主义建设也在进行全新的发展。从小环境视角看，高校各项改革正在稳步向前发展，德育教育国际化、学校管理权自主化、知识传授信息化、办学体制市场化、相互竞争激烈化、教育对象多元化正在成为新时期高校的显著特征。面对时代的发展需要，高校思政教师应主动适应新形势、新任务和新要求，充分履行自己的历史使命，并勇敢面对各种挑战。

一、应对国际国内的形势变化

随着现在国内外政治、经济方面的不断变化，高校思政教师队伍的建设也迎来了新的挑战，出现了各种各样的新情况。

（一）经济全球化为思政教师带来了新要求

全球经济一体化趋势的情况最能反映出国际政治经济格局的变迁。经济全球化的重要性在于促进各国在全球范围内实现资源的优化配置，从而获得最大的经济利益。只有积极融入全球经济体系，广大发展中国家才能实现经济跨越式的发展。这不单单是一种明智的行为这么简单，这更是一种不可避免的选择：如果不加入，必然将面临被毁灭的命运。然而，当代经济全球化是逐渐形成的，源于资本主义的蔓延和资本主义生产方式的转变。对于发展中国家而言，即使世界政治格局在发生迅速的变化，经济全球化竞争日益激烈，保护国家的主权、维护国家的利益以及确保国家的安全和稳定仍然具有更加重大的意义。当前国际政治经济格局的这些新变化，对于人们思想政治素养的培养提出了更高、更新的要求。思政教育所培养出的人才，一方面需要具备洞察经济全球化发展趋势的能力，同时也要具备适应并积极参与经济全球化运作的能力；另一方面还需要具备对全球经济政治格局的变化性质和趋势进行深入理解的能力，以应对可能出现的各种复杂局面，同时能保持冷静。从培养人的素质的角度来看，则有两个方面的要求，一方面需要受教育者掌握现代科技知识，习得运营管理技能；另一方面还需要他们有强烈的集体荣誉感，具备维护国家主权、维护国家利益、守护国家安全的政治素质，以及热爱祖国、热爱社会主义、热爱集体的思想素质。这些问题不仅是高校思政教师队伍建设面临的新挑战，也是整个社会所面临的重大课题。

（二）市场经济的冲击使得高校思政教师面临着新挑战

目前，我国现正处于改革开放的全新时期，市场经济体制的实行导致了社会发生了翻天覆地的变革。这一制度的确立不可避免地带来经济成分的多样化、经济利益的多样化、社会生活方式多样化、收入分配方式的多样化等。相应的，这种变革在社会成员中，也会引发各种人的不同思想和行为表现。因此可以说，在以经济建设为核心的社会发展时期，我们必须准确认识和处理经济与道德、经济与政治、经济与人的全面发展之间的相互关系，这一课题也成为高校思政教师需要深入研究和探讨的重大内容。

（三）教育的转变增加了思政教师的工作难度

自20世纪90年代末期开始，高校的招生规模逐渐扩大，在校学生数量迅速增加，高等教育逐步从精英化向大众化转变。高等教育的大众化导致学生入学时的初始素质相较于之前有所降低，曾经在精英教育时代没有机会进入大学的学生们，如今纷纷得到了接受教育的机会，当然，其中包括一些在以往的学习过程中没有良好的学习习惯、缺乏明确学习目标甚至对学习感到厌倦的学生。与此同时，独生子女在学生中的比例不断增加，一些学生在适应新知识和自主生活方面存在极大的困难。这些毫无疑问会给高校思政教师的工作带来了更大的挑战，同时对高校思政教育提出了全新的要求。

特别是近年来，高校中出现了在校生人数大幅度增长的情况，这给高校的教学、管理和后勤工作带来了巨大的压力，同时也带来了更多的挑战。为了确保教学和生活的秩序，维护高校的稳定和发展，提升学生思政教育工作的实际效果，我们必须着力培养政治素质优良、工作务实的高校思政教师队伍。

二、应对现代科学技术对传统教育的冲击

现代科学技术的飞速进步和由此产生的社会生产力的巨大变革，不仅极大地

丰富了社会物质财富、扩展了人们的生活空间、提升了人们的生活质量，也深刻地塑造着人们的思想观念。一般来讲，人们容易对物质力量抱有崇拜之情而却忽视精神力量，容易热爱创造财富而遗忘政治方向的树立，容易热衷于追逐物质世界而忽视自身的修养。我们已然步入信息化时代，随着科学技术不断蓬勃发展，网络信息文化也出现在了人们的视野中，它深刻地影响了人们的方方面面，从传统思维模式到传统观念、传统行为方式，人们的思想在变化，生产方式、生活方式和思考方式也将面临重大的改变。这将对传统的教育模式和人才培养方式带来巨大的冲击，高校思政教师队伍的建设也在面临着相应的改变。

（一）网络技术的发展改变了人们接收信息的方式

21 世纪是一个高度数字化的时代，信息网络化是其基本的特点。信息技术的迅猛发展使得全球经济一体化、教育国际化以及政治多极化的趋势日益显著。网络信息技术的快速传播在全球范围内引发了一场全面而具有重大意义的变革，对人类社会产生了深远影响。现今，大学生通过互联网进入辽阔无边的网络世界。网络凭借其具备的开放性、互动性和高效性等特点，已经成为广大大学生广泛喜爱和追逐的对象。如今的大学生相对之前面临着前所未有的诱惑和冲击，网络对他们的三观和生活方式产生了深刻的影响，大学生也相当热爱在网络世界中尽情徜徉"网上冲浪"。网络的互联性彻底改变了人们传统的信息接收方式，打破只能被动接受信息的局面，实现了信息的双向流动。信息的双向流动使得学生学习的主动性得到了提高，进而提升了教育的效果。鉴于网络的开放特性，思政教育从网络中可以得到丰富的资源。高校思政教师也可以通过网络的高速传输，及时察觉学生中存在的思想问题，并采取适当措施进行引导。信息网络的兴起和其在教育领域的应用，为高校思政教育工作带来了翻天覆地的变化，不仅改变了手段和方式，也改变了条件和效果，甚至影响了教育价值观的塑造。因而，高校思政教师必须加强重视，及时更新传统的教育、管理方法，营造全面周到的教学环境，充分运用先进的科技手段，从多个角度了解学生的思想，培养、提升他们的鉴别能力和对政治的敏感度，从而使思政教育、管理的科学有效地进行。

（二）网络信息的多样化使思政教育的原则受到极大冲击

网络文化对其使用者的影响是在潜移默化中进行的，使用者在使用网络时，其道德观念、文化素养、人生价值乃至政治倾向都会在不知不觉的影响中发生变化。而大学生正值年轻好奇、求知欲旺盛、容易接受新事物的阶段，因此极易受到无形的影响，如果没有辨别是非的能力，就会很容易被蒙蔽，最终遗忘本心，也逐渐忽视本国优秀传统文化。实际上，网络的兴起在一定程度上降低了育人环境的可控性。在当下网络时代的大背景之下，人们置身于一个开放且多元的信息环境之中。回溯往昔，受限于信息技术的滞后，大学生主要依赖于报纸、电视、广播等传统媒介来汲取知识。在此过程中，学校和教师拥有对信息内容进行筛选与过滤的权力，他们能够剔除那些不准确或不恰当的信息，甚至亲自参与到信息的制作与编辑环节，确保传递给学生的信息内容健康向上。然而，如今随着互联网的迅猛发展，信息传播的渠道变得愈发多样和复杂。在当前的网络空间中，充斥着大量以夸张手法和猎奇手段传播的不健康甚至低俗信息。这些不良信息的泛滥，对于涉世未深、辨识能力尚弱的大学生来说，无疑是一种严重的思想冲击和侵蚀。他们可能会因此受到误导，产生错误的价值观和行为倾向，进而对其成长和发展产生不良影响。对于高校思政教师而言，这一现象也无疑增加了他们的工作难度。

（三）网络交际使人际交往产生新的障碍

在互联网上，人与人之间的互动不是通过面对面的交流，而是在虚拟的网络空间中进行的，每个人都可以在网络中追求自己喜欢的事物，思考自己感兴趣的问题，以及展示自己独特的行为方式。因此，太过沉迷网络空间，势必会对大学生的生活方式产生影响，严重的会使大学生在人际交往方面遇到障碍。这样的情况继续发展下去，很可能会导致个性变得孤僻，人际关系变得淡漠，还可能带来新的心理问题。例如，目前，有许多大学生长时间沉迷网络，常常与班级和集体脱节，导致他们陷入了一种心理亚健康状态，表现出懒惰、心灵空虚和疲惫的状态；有些同学则沉迷于网络游戏或网络交友，对现实社会中的人和事漠不关心，和同学老师疏于沟通，与网友却没有边界感；有些学生则在面对外界的现实社会时不知所措，还有的学生不关心国家大事，却过度专注于八卦新闻、小道消息等。这样一来，大学生们无法专注于学习，甚至会遭受心理问题的困扰。

（四）学分制、公寓化管理给思政教师的工作增加了难度

随着市场经济的进一步发展，我国的教育体制也随之发展，高校教学管理

制度也随之调整，以适应培养人才为目标的需求。一个新的学分制模式应运而生，它注重学生个性发展，适应学生的个性发展需求，允许学生自主选择学习内容，并具有灵活的学习进程。学分制的全面推行，尽管有效地彰显了学生的主体地位，但由于他们缺乏自主学习的能力，可能导致学分制被误解为给予他们无限自由的机会，从而导致一些学生对学习产生怠慢态度并无限度地放飞自我。由于各高校均实施了公寓化管理，学生的生活条件得到了改善，然而部分高校将公寓私人化，导致学生管理双重化，从而引发了学生的逆反心理，他们不听从指挥，不服从管理，这对高校的思政教师工作带来了更大的挑战，要求他们作出更大的努力。

三、加强高校思政教师队伍专业化、职业化建设的需要

（一）顺应我国高等教育发展的趋势要求

随着我国科教兴国理念在人们心中的不断深入，高等教育已经成为国家经济科技发展的重要支持。我国高等教育在最近几年蓬勃发展，表现出了五个明显的特征。第一，办学方向普及化。由于我国经济的迅猛发展，人们对高等教育的需求日益增长，经过多年的持续扩招，我国的高等教育已经从培养精英的模式转变为普及教育的模式。第二，办学手段信息化。高校较早地实现了信息技术的应用与普及。现代信息技术已经深入高校教学和科研的各个方面，从根本上改变了传统的教学模式，极大地提高了教育资源的利用效率。新媒体教学、数字化校园、网上大学等已经被人们所熟悉，我国高等教育正在全面实现信息化。第三，办学模式市场化。随着市场经济体制的建立，人们对高校的价值认可越来越依赖于社会的认可程度。高校毕业生必须经过严格的社会选拔，而高校的科研成果也必须经过市场的严格筛选，这使得高校正朝着由"象牙塔"融入国民经济、融入社会的主战场的方向发展。一些大学在进行专业设置，确定招生就业方案时越来越注重满足社会的需求。高校之间、高校与科研机构之间、高校与商业实体之间的隔膜正在被消除。第四，办学途径国际化，是指学校的教育方式和方法在全球范围内得到广泛应用和认可的趋势。随着科技的不断进步和经济全球化进程的加速，尤其是我国加入世贸组织后，高等教育已经加入了全球的教育服务竞争之中，参

与度更加广泛。国内高校和国外高校、研究机构之间的国际交流合作达到了前所未有的繁忙程度。第五，办学方式多样化。办学方式多样化具体体现在投资途径的拓宽和办学体制的多样。

（二）高校思政教师队伍建设专业化、职业化的内容及要求

高校思政教育工作是一项以培养人才为目标的综合性任务，既具备独特的运行规则和特殊性质，又要求高度专业化。高校思政教师是思想政治教育工作最直接的负责人，思政教师队伍建设必须实现专业化，这是根据大学生的特点决定的，也是为了适应思政教育新形势的客观需求。

所谓"专业化"，是指经过系统培训的专业人员专注于特定领域的工作，并持续不断地提升自己的能力水平。狭义上的专业化，即高校思政教师要成为专业型人才，致力于学生思政教育工作；广义上的专业化，即高校思政教师应该向专家学者方向发展，方向涉及心理咨询、就业指导等方面。高校思政教师不仅需要实现狭义上的专业化，还要实现广义上的专业化。这就要求高校思政教师应当同时承担教学和科研工作。因此，有条件的学校应该为高校思政教师提供教学培训，并安排他们承担思政教育理论课、形势政策课或人文类公共选修课的教学。同时，学校应该鼓励高校思政教师结合自身实际情况，积极申报思政教育或党建课题，承担一定的科研工作。这样，高校思政教师就能在教学、科研中不断磨砺、完善、发展自身的能力，逐步成长为专家型教师。

高校在对思政教师职业化的过程中，不仅需要保证高校思政教师有光明的前途，还要让教师在工作中体会到成就感和事业感。高校应着重关注提高思政教师岗位对就业人士的吸引力，为思政教师提供清晰的人生价值路线。与此同时，也要减少高校思政教师对于思政教师的前途的消极认知，改变他们"出路在于转行"的认知，着力完善高校思政教师激励机制，让高校思政教师安心地在岗位发展、成才乃至奉献。另外，高校应当促进思政教师培养长效机制的建立，具体方面有晋升、奖惩和考核等，进而可以推动高校思政教育工作职业化的进程。"职业化"是指严格把控高校思政职业的选拔环节，遵守准入规范，使得进入高校思政的人员符合标准。再者，使对高校思政教师进行的职业培训工作形成体系，通过一系列的学习调研、学历提升、岗前培训等形式培养高校思政教师，使他们的工作能力获得提高。此外，加强对高校思政教师的职业考核，以发展高等教育的需求和

大学生的特点为指标进行考核、淘汰工作，使得每一位思政教师能够明确自身应当承担的责任和义务。最后，也要保证思政教师职业晋升机制的合理运行，为学校组织部门不断推荐考核筛选出来的优秀师资力量，使他们能够获得成为党政后备力量干部的培养机会，获得干部选拔的优先权，通过这样的晋升机制，可以有效吸引大量表现优异的人才加入高校思政教师的队伍。

四、高校思政教育工作要更有时代感与针对性

（一）思政教师要改变传统的教育思维方式

当今时代，大学生的群体组成已经和以往相比有了很大的不同。目前，占据大学生群体较多的学生类别为独生子女。他们亲身经历过改革开放的时代，看待人和社会之间的关系、感受生活的态度和方式以及对所见所闻的认识和看法都经受了改革开放精神的洗礼，并散发出强烈的时代气息。在这样的群体组成下，当代大学生展现出来的精神面貌是敢于创新、不畏展示自己、正义感强烈、人生追求明确以及乐于进取和积极向上。尽管他们表现出来的是过早的成熟，可是一些大学生却缺乏独立自主生活的能力。他们无畏争取、勇于表现自我，却往往显得功利心过重；他们希望他人善待自己却不能奉献自我，合作能力不足；他们想要生活得富足、美满，却少了艰苦奋斗的决心和勇气；他们渴望走向成功，却在精神上没有面对挫折的抗压能力；他们自我意识强烈，却在人际关系中没有成熟的风度，责任心不强，容易冲动和以自我为中心。鉴于大学生的思维方式已经发生上述的改变，高校思政教师也应当因材施教，根据大学生的特性，转变传统的教育思维，在管理模式方面作出创新，及时地更新工作的理念，跟上时代的脚步，坚持"一切为了学生，为了一切学生，为了学生一切"[1]，树立先德育再育人的教学态度，做到用情感打动学生，用道理使学生信服，用真诚对待学生，实践育人、真诚育人。

（二）高校思政教师的工作具有更强的针对性

随着高等教育的普及，如今的大学生的不良习惯相较以往有所增加，常常出现以下现象：注重学习成绩却忽略提升个人素养，这样会导致当代大学生思想道

---
[1] 吴刚. 现代大学生民主管理[M]. 太原：山西人民出版社.

德素养提高的速度跟不上科学文化素质水平增长的速度；注重理论看轻实践，这样会导致大学生无法将理论和实践进行有机结合，从而使其成长和发展受到消极影响，另外还有注重自我成功忽视社会诉求，注重自身的价值而忽视社会价值观的需求等。此外，因为当代大学生成长的时代是和平的时代，在这一时代里，社会主义建设和改革开放欣欣向荣，蔓延的战火逐渐成为遥远的回忆。所以，在这种环境中成长起来的大多数大学生们，无从体会建国时前辈们创业时的艰苦，也没有经历过物质条件极其匮乏的磨砺，他们局限在学校与家庭之间，接触的外界是改革开放后的多彩世界，他们阅历相对简单，比起过去的前辈拥有更加富足的生活条件、更加充分的来自家庭的关心和爱护，很多大学生不能真正理解艰苦奋斗、辛苦创业的意义。尽管他们心中充满了对未来的期待，拥有远大的理想，却不能把这种期待和理想与建设富强民主文明的社会主义国家的远大目标相结合，也缺乏面对挫折百折不挠的韧劲，和进行长期努力的心理准备。因此，每一个思政教师都需要解决一个重要的现实问题，那就是如何针对学生实际的思想状态，用自己的优秀思想、模范品格、良好作风，结合先进的教育理念和教育模式，有针对性地对大学生进行思想政治教育。如今的大学生适应新事物和新思想的能力强，思维活跃，思政教师务必应充分结合这一特点，开展工作时贴近大学生的思想实际，有的放矢地对其进行思政教育，这样才能使得思政教育工作有效、充分地开展。

第三节　高校思政教师队伍建设的策略

随着教育形势的变化和时代的进步，愈来愈多的挑战也出现在建设高校思政教师队伍的过程中。为了使在高校思政队伍建设中出现的问题和困难得到充分的解决，当务之急是梳理队伍建设工作思路，加强学习，抓住队伍建设工作重点，明确队伍建设工作目标，不断开拓推进队伍建设工作开展的方法和路径，创造性地开展工作。

一、高校思政教师队伍整体素质要求

新形势下加强高校思政教师队伍建设的重中之重在于建立顺应时代发展的、

整体素质优良的、特点鲜明的高校思政队伍，这也是当下进行高校思政教育工作的急切任务。大学生的素质培养深受思政教育工作执行者和策划者的直接影响，也就是深受高校思政教师的精神面貌、价值观和思想道德水平的影响。开展思政教育工作的前提是拥有健康的政治素质，有力保障是拥有良好的品德素质，基本平台是达标的能力素质。因此，建设高校思政教师队伍时，必须从政治、品德及能力三个核心标准方面开展选拔工作。

（一）政治理论素质

政治理论素质是高校思政教师的灵魂所在，也是高校思政教师的力量来源和关键法宝，它是高校思政教师需要具备的基本素质。作为一项综合性社会实践活动，思政教育和其他理论拥有着千丝万缕的联系，且思政教育拥有一套独特的理论体系和专门的内在规律。所以，高校思政教师要想做好本职工作，首先就要具备相应的政治理论素质。

当今时代，经济全球化蓬勃发展，信息化趋势和一体化趋势也日渐发展，尽管如此，各国之间在意识形态方面的竞争仍未停歇，并在不知不觉中激烈地发生着。西方的发达资本主义国家经历了漫长的资产阶级革命，在经济压迫和文化演变方面没有受到威胁，科技水平的领先优势和民众思想的稳定促进其社会的和谐发展。在这种情况下，发达国家依旧看重高校教师的政治素质，目的是通过教师这一引导者的身份，将学生培养成在道德、思想和政治方面顺应社会的人才。因此，我国高校思政教师也需要对理论进行强化，在遵循党的政策、方针和基本路线的前提下，切实做好思政教育工作。高校思政教师必须具备的政治理论素养如下所示。

1. 鲜明的政治立场

鲜明的政治立场、坚定的政治态度和较高水平的政治理论素养是对高校思政教师的基本要求。无论在任何场合、任何时刻，高校思政教师都必须自觉站在广大人民群众的立场上，恪守思想基本原则，拥护改革开放政策，坚持社会主义政治方向，拥护党的领导，在政治上与党中央保持一致立场，成为一名头脑清醒和思想坚定的社会主义的引导者和保护者。

2. 坚定的理想信念

理想信念是人们的力量源泉和精神食粮，是人们追逐和期待的目标，集中体现了世界观和在政治方面的立场。理想信念会影响人们的意志、道德情操、热情和精神，崇高的理想信念会起到积极的作用。中国共产党的终极目标是实现共产主义，这与人类社会历史发展的必然方向是保持一致的。新时期的高校思政教师的理想信念只有做到与共产主义、社会主义的大方向保持一致，坚定自身信仰，立志为崇高事业奉献，才能将本职工作融入人类历史发展的趋势之中，产生责任感和自豪感，才能将学生教育成遵守"诚学之，笃信之，躬行之"[①]原则的优秀人才，保证思政教育的有效性。

3.牢固的法治观念

高校思政教师应当在法治意识、观念和行为上拥有坚定的方向，这是高校思政教师的职业本分，也是在顺应新时代的要求。在中国传统文化观念，我国比起法治更加崇尚人治，在这种文化的影响下，古代人民崇尚人治，法治意识也就比较薄弱，这一传统延续了几千年，直到在现代社会仍然有着深厚的影响。但是从人治走向法治是社会发展的必然趋势。因此，建设社会主义法治国家和依法治国被我国共产党作为治理国家和领导人民的基本目标之一。为了达成这一基本目标，高校思政教师在工作中也需要进行社会主义法治教育。要想影响学生的法治观念，教师本身就要起到模范作用，教育者必须在保证自身法治观念和相关行为正确的前提下，在分析问题和解决问题时，用法治的立场和法治的态度处理问题。只有在教师做好上述工作的前提下，学生才会欣然接受法治教育，并增强自己的法治意识。

（二）品德素质

在社会生活中，品德是人们共同遵守的行为准则。目前，我国正重点实施以德治教、以德治国和以德育人的思政教育。在这种情况下，高校思政教师的师德水准直接影响到高校思政教育的效果，对提高大学生的素质有着直接的作用，进而影响到高校实现培养社会主义接班人的历史使命。教师和学生之间的理解程度和信任程度的良好态势以及师生之间的关系和谐都离不开高校思政教师本身的品德素质。它包括高校思政教师是否有责任感，是否无私奉献、不辞辛苦等方面。在思政教育的工作中，高校思政教师的品德素质是十分重要的影响因素，良好的

---

① 郭秋源. 教育的情怀与智慧[M]. 长春：吉林人民出版社，2021.

品德素质具体体现在以下几个方面。

1. 崇高的思想品德

为了做好思政教育工作，高校思政教师应当拥有崇高的思想品德。他们首先应当保持坚定的立场，识别、反对和抵制唯心主义的表现和思想；其次应当对教师事业充满热情和责任感，在国家利益、民族利益和集体利益之间做好取舍，坚持民族和国家利益高于一切的立场；最后他们应当做到在马克思辩证理论的指导下观察问题、分析问题和处理问题。只有在思想品德方面做到上述要求，才能保证思政教育工作的顺利开展。

2. 爱生的敬业精神

爱生敬业精神的特征是教师拥有自我奉献的精神，先公后私，一切以学生为中心。在工作上，拥有爱生敬业精神的教师认真负责，勤劳肯干，责任心强，面对困难不退缩，认真解决问题，做好自身的本职工作。在业务上，拥有爱生敬业精神的教师刻苦钻研，终身学习，不断进取，不断完善自己教育理念和教育方针。爱生敬业精神可以为高校思政教师提供力量源泉，这是高校思政教师神经中枢一般的存在，可以推动思政教育教师教育学生工作的开展。因此，高校思政教师需要以学生为中心，"为了一切的学生，为了学生的一切"[①]，真诚地关心学生的学习生活和精神世界，了解他们的性格和兴趣爱好，做每一位学生的朋友和心理咨询师。高校思政教师不放弃每一位学生，优秀的学生要鼓励，中等的学生需引导，后进的学生要努力帮扶，要拥有一双善于发现每一个学生的优点的眼睛，并为学生发现自我、发扬所长提供平台和机会，帮助增强学生们的自信心和奔向成功的动力。同时，高校思政教师需要在日常工作中品味成为人民教师的责任、荣誉和使命，将培养社会主义接班人作为毕生追求。

3. 完美的人格形象

在大学生思政教育工作中，高校思政教师需要让每一位学生感受到自身完美的人格力量。人格力量的模范作用可以在潜移默化中对学生实施温和、有效的教育影响。"其身正，不令而行；其身不正，虽令不从"[②]，指的就是高校思政教师要用人民教师完美的人格形象，以身作则，使得学生受到熏陶和感染。我国传统文

---

① 吴刚. 现代大学生民主管理[M]. 太原：山西人民出版社.
② 徐恩恕.《论语》伴我行[M]. 长春：吉林出版集团股份有限公司, 2017.

化对教师一直都存在人格方面的要求。"学高为师,身正为范"[①],高校思政教师要为高校的青年大学生树立榜样,以完美的人格形象,在思想和行为上都成为一个有师德、有境界、遵纪守法的模范教师。

(三)能力素质

高校思政教师需要具备多种多样的能力素质,如需要与时俱进的学习能力和掌握现代科学技术的能力等,相关的能力素质包括以下几种。

1. 理论与实践相结合的能力

理论与实践相结合的能力是高校思政教师进行思政教育工作的必备素质。只有结合实际,运用马克思主义理论解决实际工作中出现的问题,在应对学生的思想变化时,考虑到改革开放带来的影响和所处的社会主义经济市场的环境,并结合国内外的政治经济形式,高校思政教师才能更有影响力地、更有的放矢地开展思政教育活动。随着新媒体技术的发展和科学技术的大众化,新形势下大学生的思想变得更加富有变化、更加复杂。想要有针对性地为他们进行思政教育,高校思政教师就必须将马克思主义理论与实际情况相结合,将正确的思政理念传递到大学生的内心深处。同时,高校思政教师需要在日常工作中拉进与大学生的距离,观察、分析他们的情况和所面临的社会状况,并从相关经验中总结出规律,在确保正确的情况下形成自身的知识体系,以更好地应对后面的思想政治教育。

2. 创新能力

新形势下,发达国家的人们着重培养创新能力和实践能力,发展中国家也不例外,这是为了顺应国际竞争的需要,也是时代不断进步的要求。国民创新能力的高低是直接影响国际竞争的关键因素。国家的蓬勃发展离不开人民创新能力的推动,创新精神是民族进步的关键精神。需要强调的是,教育活动的开展和教师的职责是为国家和民族提供创新能量和创造型人才的来源。教育的终极目标并非是使学生掌握旧的知识,而是使他们站在旧的知识的肩膀上,看得更远,从而创造出新的事物。教育的这一性质也对高校思政教师的创新精神、创新能力和实践能力提出了新的要求。为了更好地完成教育任务,新时期的高校思政教师要打破思想禁锢,以开放的姿态,由守旧走向发展,由形而上学走向辩证思考,由传统

---

① 金鸿儒. 大师修养课 [M]. 北京:中国商业出版社,2016.

封闭走向现代开放，使自身的思考模式获得广阔的天地。高校思政教育工作要想走向崭新的局面，离不来创新型思政教育工作的开展。

3. 运用网络技术的能力

当今时代科学技术和网络信息化不断蓬勃发展，形成了以信息网络技术为基础的网络传媒。目前，大学生从网络传媒中获得的信息参差不齐、种类繁多，这既是高校思政教育工作的发展机会，也是高校思政教育工作遇到的新式挑战和困难大关。在这样的时代背景下，高校思政教师需要掌握网络技术，培养自身高超的运用网络手段的能力，只有这样才能在网络环境中牢牢地占领思政教育的积极阵地。

4. 运用英语交流的能力

新时代要求思政教师能够运用网络手段找到有用的信息，并对党的基本路线、政策、方针和马克思主义进行宣传。要想借用以上行动在网络中进行思政教育，影响大学生，运用英语交流的能力就成为高校思政教师的必备素质。另外，高校思政教育所处的环境也要求思政教师具备较高的英语能力。随着时代的发展，大学生的思政教育已经所处在一个开放的环境，在这个环境中不可避免地要进行国际交际和与其他国家的合作，以紧紧抓住吸收人类文明先进成果和其他国家高等教育结晶的机会。

二、加强高校思政教师队伍建设的对策

（一）重视思政教师队伍建设的重要性

高校思政教师队伍的建设直接关系到学校吸纳人才，培养领导干部和未来学科领导者的重要任务。作为开展人才强国战略的重要手段，高校思政教师队伍的建设会影响到学校的后续发展和社会的稳定。高校领导需要从政治高度摆正对思政教师队伍建设的态度，积极开展思政教师队伍建设，纠正过去对高校思政教师的错误认识。

高校领导要充分发挥创新能力，更新完善工作制度，将各项政策积极落实，为相关人员提供好有力的保障，同时要重视对思政教师的培养和激励，进而吸引越来越多的优秀人才加入思政教师的队伍中，为思政教师尤其是年轻的思政教师

提供发挥个人所长、实现职业价值、进行个人创造的良好环境。

　　高校党委书记和校长应当负责加强高校思政教师队伍建设。他们应当认识到思政教师队伍在当前思政教育工作中的重要性，并积极利用他们的力量培养人才。同时，他们也应当关注思政教师的未来发展，并以他们为未来党政领导干部和教学、科研、管理干部队伍的后备力量加以培养。领导各级应当注意关心思政教师的工作和生活，了解他们所处的现实环境，对他们的意见和建议进行虚心接纳，有的放矢地为他们解决工作和生活中的问题，从而使他们在思政教育工作中保持积极的心态。同时，合理的工作分配制度也是必不可少的，学校应当根据思政教师的工作属性来评估他们的工作量，公正地给予他们应有的福利待遇，提高他们的薪资水平，并设立思政教师岗位补贴。此外，应该出台相应政策以改善思政教师的住房条件，消除他们的生活顾虑，从而使他们能够全身心地投入工作中去。为了保证思政教师工作的顺利开展，需要保证思政教师的工作氛围，并在必要时为思政教师提供专门设备和办公室，以便他们得以顺利地开展工作。与此同时，高校还应为思政教师提供一系列便利条件，以保证他们工作的高效性，应该从多方面考虑，对思想政治教育师资队伍的建设进行全面规划，制定具体的政策和措施，以确保队伍建设的长期规划，保持健康稳定的发展状态。

（二）完善思政教师发展机制

　　思政教师队伍建设的主要方向是大力建设业务能力强、政治素养高、作风端正、纪律严格的高校思政教师队伍。在建设高校思政教师队伍的过程中，高校需要在明确思政教师本职工作的前提下，在培养教师、选拔教师、管理教师和发展教师方面采取有效的措施，确保在政治方面和体制方面，让思政教师拥有明亮的发展前景、条件完备的工作状态、处理事务的专业平台，进而增强思政教师的工作热情，增强教师内部的团队凝聚力，用完备的制度保障建设工作，吸引更多校内外人才投入思政教育。与此同时，思政教师的建设工作需要保证规划清晰且贴合国家政策，按照类别结合实际地对成员进行指导和培训。不同种类的学校的情况之间存在着差异，相同种类学校的情况也并非完全一致，应当根据不同的情况改变措施；要同时保证专职模式和兼职模式的运转，并将其进行有机结合，构建以兼职为辅、专职为主的教育局面；要将稳定和变动有机结合，通过政策保障留住教师，并提供给教师合理转岗的机会，进而使得思政教师队伍在流动的同时稳定运行,逐步组建一支稳定进行思政教育工作的职业化、专业化的教师队伍。

(三)合理分配确保队伍结构合理化

在进行思政教师的选拔工作时,为了提高高校思政教师对工作的适应能力,也为了满足思政教育工作的实际要求,坚持"高进"原则是重中之重。各级领导应当参与选聘工作,以知识和德行素养为依据,采用主专职辅兼职的模式,把握聘用年轻优秀的思政教师的机会,择优录取。

需要强调的是,选聘时应当遵守教育部规定,保证每200名大学生配备不少于一位思政教师。可以采用既聘用本校人才又聘用外校人才的方式,人才选聘由本校优秀的本科学历以上的本科毕业生拓展到外校思政专业学生。这样的方式能够对思政教育工作产生积极的影响。一方面,来自本校的毕业生对学校的情况、专业的情况相对了解,能够充分利用在本校学习的知识,尽快地在本校开展思政教育工作。另一方面是,来自外校思政专业的思政教师因为在校时在思政方面进行了系统的学习,所以他们拥有成熟的思政教育理论,可以专业地开展思政教育工作,并且可以与本校留校的思政教师在知识层面互相补充、互相完善,在合作共进的情景下更容易为大学生提供高质量的思政教育。

在进行思政教师选聘工作时,人事、组织及各级领导应当参与进来,在党委进行统一领导的前提下,公开、透明地进行思政教师选聘。选聘时应当采用严格的标准,既要关注应聘教师的知识储备和学历水平,也要从其他方面对应聘教师的判断形势的能力、管理组织能力、沟通能力和解决问题的能力等进行综合考虑。要保证选聘出的人员能够为思政教师队伍建设出力,能够为后期培养领导干部、进行科研教学工作作出贡献,使得思政教师队伍向职业化、专业化发展。

(四)明确思政教师的职责

高校思政教师的工作职责过于繁杂,对队伍建设和进步带来了重要阻碍。随着时代的进步和新形势的蓬勃发展,学生对高校的期望变得更高、更广。高校需要建立一套适应时代需求和发展趋势的机制和制度,以实现对学生教育、管理和服务等职能的合理分工。为此,必须明确高校思政教师的岗位职责,并做到内容、范围和目标上的清晰,从而使得高校思政教师的定位更加科学化和准确化。从思政教育的未来进步方向上来看,成立专业机构并强化服务职能是不可避免的。高校思政教师的职责目前正在向积极引导、服务至上的方向转变，不再局限于消极防御和过度管理。这种趋势是必然的，同时也为确立高校思政教师的职责和角色定位奠定重要基础。不同高校的实际情况不同，在建设思政教师队伍时也应该因地制宜，为了有效地培养学生，思想政治教育教师队伍的建设需要确保思政教师的职责清晰、定位精准，发挥专业特长，并保持合力育人。

（五）思政教师要加强自身修养

随着时代的不断发展和进步，高校思政教师需要具备更高的业务水平和更全面的综合素质。要成为高校思政教育的骨干力量，高校思政教师必须拥有丰富的知识储备和崇高的品德，同时还需要具备强烈的竞争意识和创新思维能力。

做好思政教育工作，必须具备充足的技能和素养。首先，高校思政教师应该对马克思主义理论深入了解，对邓小平理论、重要的"三个代表"思想、科学发展观进行扎实学习，对习近平新时代中国特色社会主义思想进行认真探究。同时，需要更加深入地了解这些理论的核心原则和思想内涵，不断加强自身的政治修养和理论水平。思政教师应该积极地结合理论，帮助学生成长，成为他们在政治领域上的良师益友。其次，思政教师应关注学生心理健康状况，养成良好的阅读习惯，积极参加专题报告并参与社交活动，以理论和实践相结合的方式提高自身专业水平。再次，思政教师需要不断学习新的知识和技能，拓宽自己的视野，提升工作的影响力、说服力和凝聚力。最后，思政教师需要在工作中保持积极的竞争意识，勇于挑战他人，在竞争中不断提高自己的能力，展示才华并追求进步。同时还需要持续地跟进时代的变革潮流，积极寻找创新的途径，勇于尝试新的可能性，积极探索不同的方法和策略，不断尝试创新和取得新成果，以实现更加全面的发展和持续进步。在如今竞争激烈的社会中，各所高校需要应对生源、教师素质和人才流失等多重挑战。而在高校中，思政教师也会面临竞争的压力，因为他们是高校人才队伍不可或缺的组成部分。因此，高校思政教师需要提升个人修养，深入了解竞争形势，积极进行创新实践，不断学习，并将所学知识贯穿于日常生活之中。唯有如此，方可驾驭工作，适应时代潮流。

（六）完善思政教师培训体系

为了提升高校思政教师队伍的整体素质，必须加强培训。因此，各级领导应加强重视思政教师培训，采取多项措施培养专业化的思政教育师资。这些措施包括：采用先进、开放和动态的培训模式，建立并完善相关的师资培养体系，分配充足的专项培训经费，制定符合需求的优惠政策，进而确保高校思政教师的培训全面化、多样化。

首先，应当明确培训的关键点。思政教师培训旨在通过滚动式的培育方式，以中青年思政教师为主要培训对象进行培训，使得他们发挥影响力，成为新时代积极引领思政教育事业发展的中坚力量。为了实现上述关键要点，需要在符合实际的前提下制订可行的培训计划。在制订和执行培养计划时，需要考虑多方面因素。这些因素包括当前和未来国内外形势的变化趋势、大学生的价值观念以及高校思政教师团队的素质等等。只有这样，才能有目的地制订规划，实现最佳效果。在进行培训时，应涉及一些现代科学、文化、管理、计算机网络等方面的内容，以满足新时代高校思政教师工作的需求，还应当有序安排培训活动，针对不同的教师因材施教，使他们有针对性地对知识进行补充和拓展。在进行培训时，需要关注那些备受广大师生关注的重要问题和难点，并尽可能地进行解决。

其次，需要创建和健全培训保障机制，以加强对高校思政教师队伍的培养。在考虑教师的职务晋升和聘任时，必须同时考虑到他们的教师资格认定情况。对于没有接受培训或未通过培训考核的新教师，不能任命其担任专业技术职务。此外，建议加大高校思政教育领域的投资力度，增加对高校思政教师培训的专项经费支持，以及设立专门的教师培训进修基金，资助高校教师参加培训和经验交流活动，有条件的高校可以增加高校思政教师思政教育工作经验交流的资金投入，确保思政教师每年都有机会参加学术活动，拓展视野。这些举措将有利于提高高校思政教育的水平，有利于思政教育工作的开展。

再次，高校的思政教师培训应该强调专业素养。应该建议高校思政教师关注最新学科进展，以提高思政教师的理论水平和应用能力。这可以通过介绍最新的思政教育专业发展动态来实现。同时，应该鼓励教师们在教育、培训和经验总结的基础上积极参与调查研究、申报课题等活动，以便更好地认识青年大学生的思想特点和成长规律，进而确立高质量的知识培训体系，以更好地加强和改进高校思政教育工作。

最后，必须确保业务和培训始终保持对口，其中需要综合考虑在职培训和离职学习，以及重点培养个别教师和提高员工整体素质的问题。可以通过不同的方式来提升思政教师素质，如举办交流分享活动、邀请专业人士做专题讲座等，以满足不同层次、不同类型思政教师的需求。在整体素质获得提高的背景下，可以鼓励有发展成为高水平思政教师潜力的教师去攻读思政专业研究生课程，以此提升他们的知识储备和学历水平。

（七）完善思政教师的激励机制

高校思政教师是具有"特殊身份"的人群，他们的工作职责既与党政相关，也属于教师队伍的一部分，因此常常承受来自多个层面的管理和监督，面临"多方面监管"的压力。这种情况或许增加了他们"地位较低"的感觉。为了改善这个现状，需要大力重视规范管理，成立由党委副书记负责领导的专门组织，全面负责思政教师队伍的建设、管理、考核、培训、学生事务和课题研究等工作，以确保思政教师队伍的规范化、清晰化和专业化。

为了促进高校思政教师的工作动力，我们需要进一步研究和制订一套实践可行、科学有效的高校思政教师考核方式和评估标准体系，从而使考核工作更加规范化、清晰化和科学化。在高校思政教师考核中，我们必须充分认识到教师有双重身份，评估标准应以促进学生全面发展和教育整体效益为主要内容。为保证考核工作有效，需遵循以下原则：将日常考核与年终考核有机结合，综合考虑领导考核和学生反馈，采用定性和定量相结合考核的方法制度。此外，可以评估和考核学生在思维水平、管理技巧、组织能力、职责履行、创新和比赛表现等方面的综合能力，以此来决定教师的招聘、表彰、奖励和晋升等事宜。

在此基础上，应当使教师激励更加科学规范化，从责、利、权的平衡出发，解决高校思政教师在工作中面临的问题，进而提升思政教师的工作热情，促进高校思政教师队伍向科学化方向发展。在实际操作中，需要进一步改进高校思政教师的专业技术职务评定制度，并确定适用于高校思政教师工作特点的评估方式。评审时应充分认识到思想政治教育工作的实践性，不能仅仅注重论文质量，还要关注工作表现。评审时应考核思想政治素质和政策理论水平，不过分强调身份评审，更重视岗位和人才的综合评价。此外，在聘用后的管理和考核方面，也需予以重视。在校内分配体制方面，需要进行更符合现实情况的改革，需要设立一种制度，以岗位绩效为主要考量，并根据此分配奖励，以强化鼓励效应，确保高校思想政治理论课教师的实际获利高于同校同职位的其他教师平均收入水平。这将鼓舞高校思政教师更加热衷于从事自己的职业工作，不断取得新的成果，增强自信和工作热情，激发对思政教育事业的热爱，使教师更加积极地投身于工作中，从而实现吸引和留住优秀人才的目的。

（八）拓宽思政教师发展空间

扩大大学思政教师的发展空间是一个刻不容缓的问题，也是吸引优秀人才加入并保持思政教师队伍稳定的关键所在。因此，我们应该确保学校整体规划和高校思政教师队伍的发展方向一致，同时也要考虑到学校的利益、部门的利益以及高校思政教师个人的利益，以此为基础，积极为高校思政教师提供更多的发展机会，争取更好的前途，确保他们能够合理地调动。为了实现这个目的，应该根据工作的要求、个人的条件和志愿，制订并执行高校思政教师培养计划，以便作为骨干进一步培养，并继续留在思政教育工作岗位上。对于那些在政治素质上表现出色、在业务能力方面具备强大实力且展现出发展潜力的中青年高校思政教师骨干，应该着重加强培养，同时对于具备适当条件的人员应积极向上级组织部门推荐和输送，以便根据工作需求逐步提拔到领导岗位。同时，鼓励高校思政教师积极申报相关的专业技术职务，争取行政领导职位，或在职期间攻读硕士、博士学位，申请教研和科研项目等。这样一方面可以将思政教育工作融入教学中，更好地为教学和科研提供服务；另一方面也能培养多才多能的高校思政教师，拓宽他们的发展空间，确保他们合理的职业发展。

此外，应尽快制定一个考核思政教师从业资格的制度，并建立一个完整的职业晋升体系以及相应的工资报酬体系和培训体系，以适应职业晋升体系。

新形势中，适应能力强大的大学生获取信息、增长见识的路径越来越多，但如今的高校思政教师队伍在适应新形势的过程中却遇到了很多的困难，无法做到得心应手。在这种情况下，应当以创新的思维开展思政教师队伍建设活动，只有这样才能适应潮流，应对新形势中新媒体环境对高校思政教育带来的动荡等问题。"开放式"教学的教师队伍，不仅要求思政教师本身的思想开放化和多样化，还要求在教师队伍的构成上保持着开放，打破原有的、落后的教师队伍构成和资源格局。因此，高校需要不断创新，完善人才选拔制度，广泛吸引社会和校园中的优秀人才，推动思政教师队伍的建设，在年龄结构上、教育资源上、教育方式上、教学知识上形成一支适应能力强、多样性丰富的新时代思政教师队伍。只有这样，才能顺应新时代的要求，将大学生思政教育工作做得越来越好。

第四章 新媒体时代高校思政教育的创新发展

本章讲述新媒体时代高校思政教育的创新发展，分别是新媒体时代高校思政教育的发展趋势、新媒体时代高校思政教育的环境建设、新媒体时代高校思政教育的话语重塑、新媒体时代高校思政教育发展的传媒载体。

第一节 新媒体时代高校思政教育的发展趋势

新媒体作为数字化技术的衍生物，已经自然而然地影响了当下人们的生活、工作和学习，也在不知不觉中为高校的思想政治教育营造了一种独特的氛围——新媒体环境。就目前而言，新媒体环境给高校的思想政治教育带来的影响主要都是基于新媒体的诸多优势以及新媒体在一定程度上不以人的意志为转移的强大辐射力而形成的。因这种辐射力前所未有，对高校思想政治教育必然会产生强劲效应，事实上也在一定程度上促进了高校思想政治教育的变革。从历史的眼光来看，为适应和应对日益多元化的新媒体环境，高校思想政治教育工作日益呈现出以下几种发展趋势。

一、高校思政教育环境开放程度越来越高

新媒体环境是一个开放的环境，它所带来的信息技术等成果附属品都是面向全社会公开的。新媒体环境将每个个体置于其下，人作为受众，已经成为新媒体的一部分并不可避免地受到新媒体环境的影响。

随着技术的进步和形式多样化的普及，新媒体环境的开放程度也会越来越高。高校思想政治教育离不开也不可能离开新媒体这一个"大环境"而实行"象牙塔内的关闭教育"。高校思想政治教育的实施既然必须在新媒体环境中进行，教育

层面的改革也必须要考虑到新媒体环境，甚至必须运用新媒体技术给予支持，教育效果的检测也必须与新媒体环境相联系才能反馈出真实性。而更重要的是因为高校思想政治教育的实施过程的步骤、环节都与新媒体环境密切相关，新媒体环境的开放性决定了高校思想政治教育环境也将会越来越开放，这是新媒体环境下高校思想政治教育发展的一个鲜明趋势。

新媒体环境为高校思想政治理论课教学提供了开放的教育平台，使高校思想政治教育在教育主客体上的平等性和交流互动性日益增强。一方面，教学主客体面对的环境是相同的，获得信息资源的渠道是平等的，体现了新媒体环境下资源共享的平等性。因此，在这个意义上，没有教师比学生有优先获取资源的权利，双方都有获得相同信息资源的权利，而这种权利的对等性在以一种平等性的关照体现于高校的思想政治教育中，教师看到和得到的资料，学生也同样能看到和得到，区别只是在于双方看待问题的视角不同：大学生朝气蓬勃，有着大学生这个年龄段特有的青春气息，他们从自己的角度关注世界，获取和感受信息；教师由于有着丰富的阅历，看待问题的视角自然与学生不同。另一方面，在新媒体环境下，教学主客体的表达渠道是平等的。教师与学生都运用新媒体环境下的各种形式表达自己的意见，发表自己的观点，双方在沟通与交流的状态中体现为平等的对称性。一般情况下，除却设置专门的权限，教师与学生谁都没有比谁更优先拥有发言权，大家的交流是开放和平等的，是一种平等的参与。正是由于这种师生双方表达渠道的畅通平等，拉近了教师与学生的距离，增多了交流机会，不再局限于面对面的探讨，也不仅仅受限于传统意义上的电话询问或是纸质信件的往来，而是在越来越多的交流路径中实现互动。由于减少了交流与沟通的障碍，拓展了交往的渠道，时空限制的影响大大缩减，师生双方交流在新媒体环境下变得更为快捷，而博客、微博等的使用也为师生的交流提供了更多能够及时互动的条件，便于双方迅速了解对方的所思所想，并给予及时的反馈。

二、思想政治教育手段更加多元化

教育手段日益灵活多元是高校思想政治教育在新媒体环境下发展的又一趋势。作为数字化技术的应用载体，新媒体在实践手段上是多样化的。源于此背景下的新媒体技术的使用，更是丰富了高校思想政治教育的表现形式，使思想政治教育手段日益呈现出多元化发展的态势，而为了适应新媒体环境所进行的思想政治教育教学改革，在某种程度上也会促进教育手段的丰富，这也是增强思想政治教育的说服力和感染力、提升教育实效性的必由之路。

目前，关于高校思想政治教育手段的探讨已经取得相应的进展，灵活性与多元化的发展趋势也日益明朗。以高校思想政治课教学为例，部分教师根据教学的需要，适当地在教学中穿插与课程内容相关的视频资料，或者即时插入学生根据自己对学习内容的理解而制作的 DV 短剧作品等，这些手段的融入与运用，相对于单一刻板的教师主讲式的口授形式，增强了教学内容的感染力和说服力，能更好地帮助教师清晰而生动地表达课堂教学内容，对课堂教学具有很好的辅助作用。网上提交与批改作业也是一些高校思想政治理论课教学中常用的举措，这不仅省去了收发作业的烦琐，教师还可以及时对学生的作业作出批注，学生也可以及时了解到自己的作业情况。另外，师生也可以通过微信实现交流，双方可以就一些感兴趣的问题进行探讨。可以说，这些教学手段的引入突破了单一的授课地点与固定学时的局限，师生双方缩小了距离，增多了交流思想、分享心得的机会，拓展了师生沟通的渠道，也逐渐创建了一种新媒体环境下新型的师生关系。

在新媒体环境下，创建教辅专区也是常用的一种手段。新媒体环境为教辅专区的创建提供了技术上的支撑。教师可以将自己的教案与课件挂在网上固定的空间（比如上传至教学公共邮箱等）并做到随时更新，也可以将课堂上没有时间讲解的案例等做成文件包，让学生在课前课后自主学习，实现有针对性的预习与复习，从而强化学生对课堂教学内容的理解和消化，还可以创建习题库，提供与课堂教学内容相关的各类题目，让学生可以根据自己的时间去调整其学习计划，而不必拘于课堂有限的时间去完成，以检测自己的学习效果，有效地实现教学反馈。教学团队还可以利用新媒体资源与条件，就大学生关注的现实问题和理论教育中的重点、难点问题等构建实验教学模型，例如建构体验式的虚拟实验室，通过模拟场景让学生进入模拟的教学情境。当今社会，信息科技飞速发展，大学生每天接触庞杂的信息流，多元的文化观、价值观也在潜移默化地影响着他们的身心成长。价值建构实验室采取多样化的灵活方式，运用仿真技术设置模拟环境，包括对大学生成长环节以及今后人生中的一些场景的模拟，让学生在具体的体验过程中接受教育，提升素质，在多重性的可能中自己作出选择，形成自己的价值判断，树立正确的世界观、人生观和价值观。这种实验教学手段以具体而鲜活的体验向学生呈现教学内容，尤其通过实验结果数据的分析，可以检测课堂教学的实际效果，获得真实的教学反馈资料，实现课堂教育和日常教育的延伸功能，对于跟踪研究思想政治教育的长远效果大有裨益。高校思想政治教育工作者还可以利用新媒体环境创建类似于"论坛中心""心灵家园"等互动社区，把大学生的关注点引导到特定的方向和问题上来，提高大学生的思想认知和心理健康水平。

利用新媒体环境创建各种游戏也是高校思想政治教育改革中的一种新尝试。教育者根据教学内容的需要，与技术公司一起研发教育题材的游戏，比如励志游戏、红色主题游戏等。在游戏的设计上秉承寓教于乐的理念，格调健康向上，在游戏中植入核心价值观，使学生在游戏中潜移默化地提高思想意识。另外，教育工作者根据对游戏的使用效果所进行的跟踪分析则对新一轮的游戏研发提供了宝贵的建设性意见，以促进良性循环的形成。

总之，就目前而言，新媒体教育手段的丰富在一定程度上打破了高校思想政治教育的单一刻板，以生动多元的表现形式增强了高校思想政治教育的感染力和说服力，从而提升了思想政治教育的实效性。但是，随着新媒体环境的开放程度愈来愈高，高校思想政治教育的难度也会越来越大，对教育手段更新的要求也会越来越高。所以，关于教育手段的探讨将会永远持续下去，这就必然带来教育手段的日益灵活和多元化。

三、高校教育工作者的新媒介素养要求将会越来越高

新媒介素养是高校思想政治教育工作者在新媒体环境下所必须具备的综合素质。与传统媒体主导时代的高校思想政治教育相比，新媒体环境下，高校思想政治教育工作难度加大、任务艰巨，如何在错综复杂的新媒体环境下，落实好高校思想政治教育工作，使之真正增强感染力和说服力，真正实现育人功能，是新媒体环境下高校教育工作者时刻都要面对的议题。随着新媒体技术的深入普及，对教育工作者的综合素质要求也会越来越高。新媒介素养大致包含两个方面，一是技术层面的媒介素养，二是建立在人文素养基础之上的、基于媒体产品与媒体信息的评估选择层面的媒介素养。

新媒体是基于数字化技术主导的一种延伸，在信息技术迅猛发展的时代有着

广泛的使用空间。数字化是以计算机技术为依托的技术处理过程，新媒体又是在数字化技术背景下出现的新的媒体形式。新媒体也只能在数字化技术背景下才能实现其多种多样的功能，为人们的学习和生活提供广阔的使用空间。新媒体有别于传统媒体，给高校思想政治教育带来了突出的变化。媒介素养是新媒体素养中的一个基本方面。身处新媒体环境下的高校思想政治教育工作者，必须掌握一些基本的操作技术来应对这种环境给高校思想政治教育带来的变化。

新媒体传播形式多样、迅速快捷，在一定程度上影响了高校思想政治教育教学，增强了高校思想政治教育教学的难度。新媒体背景下，学生获得信息的渠道多种多样，而某些不健康的文化思潮对正处于人生成长关键期的大学生们是不利的。在新媒体环境下，如何真正发挥思想政治教育的主渠道作用，为培养高素质人才作出更大贡献，是当前高校思想政治教育工作者面临的一个严峻任务。要解决好这一现实的问题，就必须关注新媒体环境下教育者的人文素养。如果说媒介素养是一个硬件层面的要求，新媒体环境下的媒体素养就是一个软性的综合层面的要求。媒体素养虽然是对师生的双向要求，但更主要的针对群体是高校思想政治教育工作者。新媒体素养所包含的内容十分广博，其中深厚的人文知识底蕴是必要的前提。高校思想政治教育是一项系统工程，对于教育者知识积累的要求非常高。新媒体环境下，简单的说教式早已不能适应教育的需要，不仅在形式上过于陈旧落伍，在深度上也显得过于肤浅。而新媒体环境下的信息流量巨大，每天面对庞杂的信息，如何甄别真假，进行正确的选择，这需要具有丰富的知识储备作为依托，只有底子厚，视野宽，才能具有拒绝消极负面信息的能力，选择恰当的教育素材，在教育中给予学生正确的引导。可以说，新媒体环境下，教育工作者良好的人文素养也是保证高校思想政治教育实效性的重要条件之一。

道德法律层面的素养也是新媒体素养中的重要内容。在新媒体日益开放的环境下，人的主动性、自由参与度日渐彰显，可以说，新媒体环境为实现人的某种主观诉求提供了现实的路径。新媒体环境虽是开放性的，但是在某种程度上对个体而言又是隐匿的。所以，新媒体时代的自由应该是有限度的，需要人的道德自律与法律约束层面的主观意识。面对新媒体时代，越来越需要清醒理智，谨言慎行。例如，在网上发言要负责任，面对不同意见的争论时更要以理服人，注意文明用语，更不能僭越法律，这样才能营造健康的新媒体氛围。高校思想政治教育是系统的育人工程，这一工程的具体实施要靠师生双方，但是对教育工作者的要求更高。就目前情况来看，教育者在这方面的素养还有提升的空间。而随着新媒体环境的愈加开放，人的主观自由感在新媒体平台上也随之增强，在这种场景中，思想政治教育工作者的道德法律素养是高校思想政治教育有效实施的重要保障，直接关系到新媒体环境下高校思想政治教育的实效性。

总之，高校思想政治教育的主力军是教育工作者，他们既是教育理念的实施者，也是教育手段的践行者。在新媒体环境下，教育者的良好素养是高校思想政治教育工作与时俱进的必然要求，也是达到教育目的的有力保障。

第二节　新媒体时代高校思政教育的环境建设

宏观环境与微观环境相互作用，共同组成了高校的思想政治教育环境。并且，这两者的存在还在很大程度上影响着高校的思想政治教育工作的稳步推进。另外，伴随着时代的发展，新媒体时代的来临，不管是宏观环境还是微观环境都发生了较大的变化，所以说，要想顺利推进新媒体时代的高校思想政治教育的工作，就应当重点建设一个良好的环境。

一、新媒体时代高校思想政治教育环境概述

（一）高校思想政治教育环境构成

当代大学生作为渴望成长的群体，他们通过各种各样的途径来了解世界和认识世界，认识自己与周围环境之间的关系。了解大学生的思想政治教育环境构成是大学生思想政治教育环境优化的基础和前提。

1. 宏观环境

大学生思想政治教育的宏观环境包括经济环境、政治环境、文化环境和媒介环境四个方面。

（1）经济环境

所谓经济环境，是指人们所拥有的社会生产方式以及由这种生产方式所决定的物质生活状况环境。它是社会环境的重要组成部分，对政治环境、文化环境的

发展起着决定性的作用，并且从根本上对大学生思想政治道德素质的培养产生极其重要的影响。总的来说，坚实的经济基础能够确保大学生的思想政治教育有着足够的保障，可以有效促进大学生的思想政治教育水平的提升。经济环境对大学生思想政治教育的影响主要表现在三个方面：一是经济环境决定着大学生的思想政治教育水平；二是经济环境引导着大学生思想政治教育的方向；三是经济环境影响大学生思想政治教育发展的运行轨迹。

（2）政治环境

政治环境是指对高校思想政治教育活动以及思想意识造成影响的社会政治制度与当前的社会政治现状。高校思想政治教育直接指向大学生的思想观念与意识，具有鲜明的政治性与阶级性，因此社会的政治环境对高校思想政治教育功能的发挥有着重要的影响。

社会政治制度是建立在一定的社会经济基础之上的，是上层建筑的核心内容，是阶级利益的集中表现，而且它是体现人们思想关系的一种物质手段。对于思想政治教育来说，社会政治制度实际上就是指由谁当家做主并掌握思想政治教育的领导权。"政治是经济的集中表现"[①]，政治与经济之间联系紧密，二者互相渗透、融合，对思想政治教育的影响与作用互相交织在一起。从政治环境来分析，它对思想政治教育的影响主要是由不同时期、不同地域的政治体制、政体决定的，政治制度不同，其对思想政治教育的重视程度与投入程度也不同，继而影响到思想政治教育的发展。就目前来看，影响中国思想政治教育发展的政治环境主要是国内政治环境与国际政治环境两方面。

（3）文化环境

文化一般是指凡是由人类创造出来的，通过学习为后人传递下去的一切物质和非物质内容，而文化环境则是社会文化系统诸要素的总和。文化又可以分为广义和狭义两个文化的概念，广义的文化囊括了社会生活的各个层面，狭义的文化则是指人类社会实践活动的精神产物。文化环境不仅有工具、器具和物品等表现形式，还表现为社会生活中重要的文化产业和文化产品的发展更新。在现实生活中，文化环境具有鲜明的实体性，如展览馆、博物馆、纪念碑等，这些实体性的文化建筑更多地承载着一种精神文化的寄托，其不仅可以美化市容市貌，还能

---

① 房广顺，周洪轩. 社会主义理论研究[M]. 沈阳：辽宁大学出版社，2000.

使人们的身心发展处于一个积极健康的文化环境中，有助于人们陶冶情操，培养心智。

（4）媒介环境

媒介环境是由报刊、电视、广播、网络等大众传播媒介构成的外部环境，人们通过这些传播媒介获得各种信息，因此，它也可以成为信息环境。信息环境对大学生思想政治教育以及大学生思想的形成和发展产生重大的影响。加强大学生思想政治教育，学校必须对媒介环境的研究重视起来。

2. 微观环境

大学生思想政治教育的微观环境包括家庭环境、学校环境、社区环境和人际环境。在思想政治教育的过程中，我们要处理好学生与环境之间的关系，努力建设有利于大学生思想政治教育的各种微观环境。

（1）家庭环境

家庭是社会的细胞，家庭是人生的起点，家庭是教育的启蒙，家庭对人的教育的影响是终身的。家庭环境的构成因素是极为广泛而复杂的，它主要包括家庭的自然结构、家庭的经济状况、家庭文化、家风等方面。这些因素都对家庭成员特别是子女个体思想的形成有着重要的影响。家庭环境具有以下几个特点。

第一，家庭教育影响具有先主性。它指的是家庭教育影响在一个人的成长过程中起着某种先入为主的定势作用，奠定其接受教育的基础。家庭教育影响在儿童的生活习惯、语言、行为模式、最初的道德观念、性格态度的发展上，表现出显而易见的铭刻性，这种铭刻性的品质给他们的终身发展打下了不易改变的印记。

第二，家庭对子女的控制方式具有多维性。它主要是通过情感的影响和经济的制约来实现的，具有特殊的亲切感和依赖性，并使子女和双亲的联系成为利益一致、休戚与共的依赖关系，父母在教诲子女方面具有较大的优越性和权威性。

第三，家庭群体中交往接触的密切性。这种接触一般属于正式的和高频度的接触，可以使子女在轻松自然、不受拘束的状态下接受影响，因此极大增强了家庭教育影响的效果。

第四，父母对子女了解和影响的深刻性。"知子莫若父，知女莫若母"[1]，正是如此，与子女朝夕相处的父母就可以通过子女的一举一动和言谈举止把握他们思

---

[1] 钱焕琦，刘云林. 当代教育伦理学 [M]. 南京：南京大学出版社，1995.

想活动发展的脉络。在教育中父母可以因事指导，因时施教，具有很强的针对性。

（2）学校环境

学校环境主要包括学校内部的物质环境和精神环境。良好的校园环境有利于大学生的思想政治教育，反之，则会带来不利的影响。

①学校的物质环境

校园充满文明的、艺术的、智慧的、道德的气氛，构成一个美的整体环境，对学生人格的完善、思想的培养都会起到潜移默化的影响。因此，学校对整个校园都要精心设计、精心安排，以使学校的每个角落都富于教育性，使整个学校的物质环境都有利于陶冶学生的情操，能够对高校内部的思想政治教育工作产生正面影响。校园中的物质设施就存在于校园文化的物质文化范畴当中，其中，这些有着特殊作用的设施包括校舍、运动场地以及其他附属建筑。并且，值得注意的是，还可以对它们进行更进一步的细分，可以分为图书馆、实验室、办公室，以及校园绿化等其他环境设施，以及校办工厂、农场等。这些以物质形态存在的文化设施既是校园教学活动的场所和设备，又体现了学校独有的文化特征。校园的物质设施不同于工厂、农场、街道、机关，它以其独特的风格和文化内涵影响着师生的观念、行为。

②学校的精神环境

学校的精神环境就是校风。校风是学校的风气，是学校成员共同具有的稳定的行为习惯和精神风貌。校风属于校园文化中的意识文化，是校园文化的核心内容，在思想政治教育环境中属于精神环境的范畴。校风建设既是全面实施思想政治教育的突破口，又是铸就学生全面发展思想的环境条件，必须引起学校足够的重视。

校风是通过教育、培养、陶冶、继承、发展等多个环节和过程逐步形成的。在校园内普遍流行的风尚和习惯是一所学校师生员工精神风貌的具体体现，是师生思想、信念、情操、行为、纪律、道德水平高低的标志。

（二）新媒体对高校思想政治教育环境的影响

1.社会环境方面的影响

新媒体技术对社会变迁的影响主要表现在两个方面：一是基于信息技术而形成新型社会形态，即网络化社会；二是由互联网架构网络空间或虚拟世界，亦称虚拟社会。在基于新媒体时代的社会环境中，高校思想政治教育主要发生了以下几种变化。

（1）社会空间"无屏障"

在新媒体时代，媒体接近权终于实现，在很大程度上扩展了人们的感知范围和能力，并进一步增强了个体的传播和沟通能力。现如今，人们拓宽了获取信息的渠道，通过多种渠道进行沟通和辨析，以便获得对世界的认识。在当今社会背景下，高校思想政治教育以往封闭式的单向传授方式发生了变革。新媒体的实时互动性不但令信息的传播迅速，也使得信息获取也愈加无阻碍。更关键的是，这种互动性消除了社交空间障碍。现今，人们利用新媒体可以随时随地与他人交流互动，通过在相关网站发表意见和建议，发挥了舆论影响力。高校的思想政治教育工作者的作用正在逐渐减小，教育内容的传播呈现出更开放的态势，观众们的主体地位则得到了更加充分的肯定和重视。并且，这也让人们在辨别信息的真实性方面变得十分困难，进而导致大学生会有很大概率被虚假信息和不良信息误导，同时也给大学生的思想教育工作带来巨大挑战。

（2）社会舆论同化迹象严重

新媒体技术使得信息的传播和意识形态的传播呈现出全球化的趋势，但这种趋势只是单向的，而非双向的。在当前社会环境中，媒体舆论的格局发生了显著变化，即中央和边缘之间是否平衡。在大量信息特别是国际问题方面的信息被大学生接收的时候，大学生的价值观或理念往往会较为相似，甚至还会出现舆论同化的情况，此情况导致高校进行思想政治教育工作的时候面临前所未有的挑战。导致这一现象的原因是多方面的，其中一方面是大学生深处新媒体环境之中，无论是生活还是学习，都离不开新媒体，这让他们不自觉地接受了垄断媒介的舆论影响；另一方面，西方发达国家掌控着新媒体的资源和技术优势，也在不断扩大其对全球各地舆论传播的影响力，以确保世界上的诸多主权国家不再对全球舆论传播有较强的掌控力。

（3）社会负面信息呈膨胀趋势

作为当代社会的一个开放系统，新媒体为大学生提供了多种获取信息的途径，使大学生能够接触更广泛的信息，包括不同的观点。然而，信息的多样性也可能会让大学生感到眼花缭乱。另外，大量信息的存在也会极大地影响高校思想政治教育工作的开展。

2. 文化环境方面的影响

随着新媒体时代的到来，文化表达表现出了多维性与选择性的特征，青年亚文化也成为高校文化环境中不可忽视的一种形式。在这样的文化氛围中，高校的思想政治教育也出现了诸多不良影响。

（1）高校思想政治教育失去了文化辅助

在过去的很长一段时间里，高校思想政治教育一直依赖主流文化和精英文化的支持，这也使得这项工作得以继续开展下去。当前，高校文化氛围已经发生了翻天覆地的变化。网络语言、亚文化氛围等新兴文化形态深刻地影响着人们的思想观念，传统的思想政治教育难以在这种环境下发挥作用。在新媒体时代，高校思想政治教育的有效实施需要借助文化辅助，否则教育过程就会变得呆板无趣，仅仅停留在口号宣传的层面，无法真正传播知识和趣味，这将影响思想政治教育的效力，也难以有效地传递社会道德。

（2）高校思想政治教育工作者的权威丧失

随着新媒体的兴起，文化环境改变了教育者和受教育者之间的互动方式。现在，教育者和受教育者有着平等的地位。教育者也能够在教育过程中将正确的三观有机地融入网络各种形式中，但不应该强硬地要求受教育者接受任何特定的思想观点。以往的习惯是青少年在成长过程中主要从父母和老师那里获取知识和信息，因为父母和老师的知识权威形象对于青少年来说是难以撼动的。如今，传统的知识传承方式受到了新媒体时代的冲击。随着新媒体文化技术的迅猛发展，技术文化已经能够直接取代传统人文文化，成为社会文化的主要支柱。年轻一代拥有十分适应时代的创新思维，也更容易接纳新事物，因此也就顺理成章地成了新文化的主要受众。他们通过各种渠道获取众多的知识和信息，不再仅限于来自父母和老师的教育。这种方式成为他们获取"反哺"能力和掌握自身"话语权力"的主要方式。这种文化反哺现象不仅反映了文化迅速发展的趋势，也暴露了代际之间价值传承遇到的难题。由于年轻一代对待道德观的态度往往倾向于自我建构，而非接纳传统价值观，因此传统道德文化的传承受到了严重威胁。

（3）社会道德标准被游戏化

在新媒体时代，存在于高校中的文化环境发生了异化的现象，其中表现为校园中的所有事物都变得更加轻松化和戏剧化，这种趋势甚至扩展到了社会道德的范畴。就比如，许多大学生面对需要救助的事件时，常常采取消极态度，置身事外，甚至还有一部分大学生会在网络上进行嘲讽，这严重表明了这些大学生缺乏道德意识。除此之外，社会所推崇的"雷锋精神"和多年的教育所灌输的价值观念，已经成为大学生戏谑的话题素材。将社会道德标准娱乐化、游戏化，导致社会道德价值观面临尚未建立就被破坏的困境。在当下的新媒体时代，我们需要紧急解决高校思想政治教育中的一些问题，就比如，如何关注和建设社会道德责任感、重塑公民个人责任感，以及如何传承和发扬中华民族优良的道德传统等问题，这些问题的解决对于我们塑造良好的社会公德和民众私德至关重要。

二、新媒体时代高校思想政治教育环境的特点分析

（一）普泛化与开放性

随着时间的推移，越来越多的手机网民开始使用微博和微信。事实证明，这两款应用程序的使用率增长迅速且用户数量最多。在高校大学生中，高效完备的互联网基础设施以及普及应用的个人电脑、平板电脑和智能手机，消除了现实物理世界和网络虚拟世界之间的隔阂。这种技术的发展让大学生更容易接触新媒体，并且不可避免地导致大学生群体对新媒体的高度依赖。尽管大学生身处校园当中，但是总是将自己的关注点放在网络上，这已成为对大学生群体最具代表性的描述之一。对此，在开展思想政治教育工作的时候，必须正视并解决这一客观问题。

（二）时效性和交互性

随着互联网技术的迅猛发展，大学生们利用各种网络工具，如搜索引擎、社交媒体和即时通信工具等，不再受到时间和空间的限制。从而可以在存储无数信息的虚拟空间中，轻松地搜索所需信息，甚至还能够与陌生人建立联系以及跟地域不同的亲朋好友交流，这些是在现实物理世界中很难实现的，就比如"微博"等新媒体的出现，显著地改变了大学生群体获取信息的方式。以前，他们被动地接收经过加工处理过的信息，然而，现在每个人都可以从独立获得的信息中作出判断，并通过自己经营的媒体成为信息制造者，向社会发布信息。一条讯息从制作到发布，其迅捷和高效是传统媒体所无法企及的，真正实现了"在第一时间，

在第一现场,发出第一声"。此外,几乎是在"自媒体"将讯息迅速地传播到受众的同时,受众也会迅速地对讯息传播的效果进行反馈及完成二次传播,最终一条个人讯息通过复合式传播和话语共振便在瞬息之间轻易地进入了公共舆论的视野。这在过去的传统媒体时代是难以想象的。正是由于这种特点,新媒体与大学生之间具有极强的亲近感,从而大幅提升他们获取信息的能力,同时在处理信息方面,也让他们更加自主和独立,这无疑降低了在传统的思想政治教育中,教师作为信息传播的主导力量的影响。尽管新媒体的应用可加强大学生的自我学习水平,然而互联网上众多信息的真实性参差不齐,这些信息对那些还未确立自己的世界观、人生观、价值观的年轻大学生产生的负面影响值得被重视。

(三)平民化和个性化

与传统媒体所拥有的商业资本以及行政资源高度集中的大型财团、企业和权力部门有所不同的是,新媒体拥有极低的进入门槛和简便易行的操作流程。个人用户可以轻松使用,无需经历耗费人力、物力和财力的复杂步骤,这使得每位大学生都可以拥有自己的网络刊物、网络节目,这一设想在当前已成为现实。新媒体的"民间化""基层化"属性,使得大学生能够借助它自由地表达情感、阐释观点、展示个性、释放创意。鉴于大学生在现实生活中面对学习、社交和就业等多方面的压力,他们很容易受到不合理或具有煽动性的信息的误导。这种情况下,他们常常寻求通过网络来释放压力和消解极端情绪。这种负面情绪在网络空间中随意传播,不仅会引发"网络暴力",还会很快波及现实生活。

(四)虚拟化和交互化

人们普遍认为,虚拟性是网络社会思想政治教育环境最重要的特征之一。随着时间的推移,人们的日常生活方式正在从过去基于物质和能量的平台,向基于网络的新平台转移,这也就意味着人们正从物理空间转移到电子空间。在电子空间中,人们能够自由探索,若要感受虚拟现实的存在,只需进入计算机网络即可。网络信息传播技术使得真实世界和虚拟世界的界限变得模糊,让实体现实和虚拟现实之间联系在一起,这从根本上改变了人们的对于世界的认识方式。此外,网络信息以数字符号的形式传递,就连人在网络中也成为数字符号的表现形式。在网络空间的交际当中,人与人之间不再受到性别、年龄、身份、地位、相貌等方面的影响，只是以最本质的符号形式开始交往。由于网络空间具有较强的虚拟特性，所以对于思想政治教育工作来说，无论是广泛性还是可变性都有了很大程度上的改善，但是在可控性方面却面临着较为严峻的挑战。

交互性是新媒体时代高校思想政治教育环境的另一重要特性。网络社会虚拟环境系统中人们的行动后果是在网络行动的交互过程之中显示和扩张出来。交互性导致了网络社会具备中心化、个人化、一体化、自由化等特征。每个人在网络中都不再是孤立的主体或客体，而是存在于一种交互性主体的虚拟的网络环境当中。在这个时代里，个人享有了更多的自主权，可以主动地获得所需信息，还可以扮演信息发布者、评论者或反馈者的角色，这种自由地参与网上交流活动的权利有效促进了个人主体地位的体现。这种互动方式也让人们更加接近，也能够进一步感受到自由沟通的重要性，因此充分激发了个体的自主意识。除此之外，也改变了传统的"填鸭式"教育模式，使得思想政治教育的有效性得到增强。

三、新媒体时代高校思政教育环境存在的问题及优化策略

（一）新媒体时代高校思政教育环境中存在的问题

在当今这个新媒体时代，随着互联网技术的快速发展，各个国家都会面临国际环境中机遇与挑战共存、前景和风险相伴的情况。网络给思想政治教育带来了许多挑战，这些挑战涉及多个方面，包括思想政治教育的目的和任务、内容和方法、载体和管理等，这些都受到了全球化的影响。此外，由于存在普遍化的价值冲突，也出现了文化安全受到威胁的现象，思想政治教育也面临着许多严峻的挑战。

1. 价值冲突的问题

思想政治教育在全球化的趋势中面临着一种既具有挑战性又存在发展机遇的局面，其中包括了与全球化存在价值观冲突的挑战以及由此产生的发展的机遇。通过异质文化的交流、对话、碰撞与融合，可以促进思想政治教育的发展与完善。如果思想政治教育拒绝新观念和新思想，则可能导致其失去进步和创新的动力，进而出现过时、僵化和滞后的情况。全球化的发展引发了各种价值观的冲突和复杂的局面，这种情况引起了人们的思考，导致他们在价值判断和选择上感到困惑，

使其出现了价值行为的冲突。

（1）物质价值与精神价值的冲突碰撞

随着全球化的推进，财富积累变得越来越受重视，许多人把追求物质财富放在了生活的核心位置。看起来，现今社会越来越注重物质生活，奢华的消费品已成为人们生活的重要组成部分，人们的情绪和行为都似乎受电视影响，闲暇和娱乐方式也随着广告的影响作出选择。人们的心灵被奢侈与虚荣所占据，导致生活的真谛被掩盖。随着人们沉浸于繁荣的物质生活中，内心世界却不可避免地受到前所未有的挑战和困扰。由于对物质的过度追求，人性的深刻内涵被淡化，使得人们变成了只满足物欲的"单向度"的个体。这一过程使得人们忘记了保护个人尊严的最直接方式——内在的自我精神修养和精神提升。这种方式切断了个人生活和人性的整体性之间的联系，并最终导致人生意义的瓦解。

（2）人的价值与自然价值的对抗

在无数年前的自然界中，万物互相依存，不存在中心点的概念，可谓是万类霜天竞自由。随着人类实践的逐步演化，我们与自然的关系以及我们对于这种关系的认知也在不断地发展。在人类历史最初的阶段，我们并未将自身与自然分离开来。伴随着时代的发展，生产力也在不断进步，人类并非仅仅拥有征服自然的欲望，还有一系列先进的科学技术能够满足这种欲望。虽然现代科学技术的迅猛发展为人们带来了前所未有的物质财富和高品质的物质生活条件，但并没有实现人们期望的自由发展和人的解放，也未能促进人与自然、人与人之间的和谐与统一。在当今技术发达的社会中，人类一直坚信自己是万物之中最为重要的存在，因此我们主要追求的发展方式就是不断扩大物质消费。然而，这种方式不仅会危害文化结构，还会给生态环境带来较大的负面影响。

人类面临的危机根源在于人们对世界的认知受到局限，并且人们还受到了人性中的贪欲的影响。人们在追求经济利益的过程中通常只注重经济效益，而忽略了资源利用效益和环境质量。自然资源被视为无代价获得的天然赋予之物，而自然环境则被当作资源仓库，可以任意地排放污染和垃圾。

2. 文化安全威胁的挑战

在全球化的背景下，民族文化之间的矛盾出现了新的表现形式。随着全球化趋势的加剧，各国民族文化面临着日益加重的威胁与挑战。在这种情况下，保护并发扬中国的民族特色和传统、确保中国国家文化的安全已经成为当前思想政治教育中一项极为紧迫且重要的任务。为了进行思想政治教育中的文化安全教育，就有必要了解文化安全的范围和战略地位，认识到中国面临的文化安全威胁，并以客观的态度看待全球文化安全问题，以制定对策应对。

（二）新媒体时代高校思政教育环境的优化路径

1. "三观"教育与"四有"网民

世界观、人生观和价值观既是大学生新媒体时代高校思想政治教育的重要内容，也是培育"四有"网民的重要基础。在具体教育中，教师应注意下列两个方面。

（1）引导大学生网民树立科学正确的世界观、人生观和价值观

人们树立崇高理想信念的思想基础，在于正确的世界观、人生观和价值观，而这也是培育"四有"网民的重要内涵。只有建立合适的世界观、人生观和价值观，才能够发展成具备"四有"素质的网络公民。现阶段，由于国际和国内形势的影响，部分大学生在其人生观、价值观和世界观等方面的塑造上存在不少问题，这种情况引人关注。在价值观层面，大学生的思想表现为追求自我至上，将个人利益作为行动的主导原则，他们缺乏为人民服务和不畏艰险的精神。而在网络传播中，大学生网民遇到的各种诱惑和误导可能比传统社会要多很多，网上淫秽虚假、封建迷信、错误百出的信息不绝于耳目，加上各种美色、物欲的宣泄，这大大消解了学校、家庭、社会对大学生所进行的正统教育的影响，使他们在物欲横流的网络里迷失自我、难以自拔。因此，为了应对复杂多变的网络环境，高校需要更加注重培养学生正确的三观，不但要让学生拥有科学的世界观、人生观和价值观，还需要帮助学生在社会实践中运用正确的人生观思考和应对各种问题，以及用正确的价值观处理好个人与他人、个人与社会、个人与国家的关系。只有将那些上网的大学生所拥有的价值观、世界观和人生观被正确认知和建立，他们牢固的信仰和追求才会保持不变。

（2）精心培育新媒体时代的"四有"网民

"有理想、有道德、有文化、有纪律"是高等教育培养大学生现代价值观的核心要素，也是大学生现代价值观念的主要构成。"有理想"意味着要秉持共产主义的崇高目标。现今之际，大家应该共同秉持着一个信念，那就是我们要打造一个现代化的，民主、文明、富强的社会主义中国。要做到"有道德"，就必须

积极倡导社会主义和集体主义的道德观念和价值观，这是新时代所倡导的核心内容。要达到"有文化"的标准，必须具备相当高的科学文化修养。若缺乏一定的科学文化素养，大学生将难以树立现代的科学价值观念。"有纪律"指的是不做扰乱公共秩序、影响他人利益的行为。要实现"有理想"的目标，必须遵守纪律。

在网络传播时代，"四有"网民被赋予了一些新的时代内涵。在"有理想"方面，大学生网民不仅要树立客观现实中的共产主义远大理想和建设中国特色社会主义的共同理想，而且在虚拟的网络空间和信息网络传播中要树立崇高的共产主义远大理想和建设中国特色社会主义的共同理想，即要在网络传播的技术空间中，让共产主义和中国特色社会主义的理想信念教育真正成为主旋律和主阵地。在"有道德"方面，大学生网民不仅要有共产主义、社会主义理想和公民基本道德，而且还要有基本的网络道德，这是中国大学生道德教育在新媒体时代的延伸。在"有文化"方面，大学生网民还应学习与网络有关的基本知识，通过学习树立网络信息观念，不断增强科技创新的思想意识。尤其重要的是，大学生网民必须具有学习、获取、选择和使用、处理信息的能力，这是新媒体时代的大学生网民必须具备的一项基本素质。在"有纪律"方面，大学生网民必须严格遵守网络传播中的各项纪律和法规，不断提高网络法治观念，成为一名合格的"网络公民"。以上这些新的时代内涵不仅是对大学生网民的新要求，而且也是高校思想政治教育中教育主体培育新媒体时代的"四有"网民的一项重要任务。为此，教育者必须根据新媒体时代对培育"四有"网民的新要求，充分利用网络传播条件，把培育"四有"网民的任务落到实处。

2.倡导校园网络积极向上新风尚

在新媒体时代，高校的思想政治教育必须具备思想性、教育性、主导性等特性，不能仅仅是传递知识和信息。因此，要采用正面引导、积极塑造的方式进行教育，同时充分考虑高校和青年学生的特点，增强教育的知识性、趣味性和服务性。高校应该建立多种类型的网站，其中包括注重思想教育和政治教育的红色网站，以及富有趣味性和知识性的学生网站，同时还要提供与学生利益相关的实用型服务网站，这样能够促进高校营造健康的网络文化氛围，为网络育人环境作出贡献。传统的思想政治工作经常面临着波及面不够广的问题，即便组织一个大型的校园文化活动，受到活动场所等各方面条件的约束，参与的学生也非常有限。

网络文化活动则突破了这一限制，学校通过网络向全校学生直播，将活动的相关材料上传到网上进行公布，让不能在现场参与的同学也可以通过网络感受活动的气氛。

校园网络文化以其多样的网络活动、人文精神和思想理念，对大学生产生了积极的影响，发展了他们的情感世界，促使其身心愉悦，同时也具有凝聚人心、激发斗志等鼓励作用。进而使得高校网络文化成为推进中国特色社会主义先进文化发展的重要手段。

为了营造一个良好的网络文化环境，高校可以在互联网上创建各种校园活动平台，从丰富多彩、积极向上的校园文化活动入手，推动形成深厚的校园文化积淀和清新的校园文明风尚，让学生在使用互联网时受到良好的影响和启示。在大学教育中，有必要重视并传承该大学内在的文化和精神特色。这种精神是由大学历史上一代代的学生共同努力，经过长期的沉淀而形成的一种稳定的追求、理念和信仰。它是大学生不断精进的力量来源，集大学文化的精髓和核心于一身，对大学生的思想引领作用至关重要。校史中包含了许多代表性的事、人和物，这些东西具有特殊的意义，它们不仅是学校文化发展的精华，也是德育的重要支撑。通过这些东西，学校的理念和成就得以传扬。同时，这些事物也蕴含着深刻的文化内涵和历史背景，这些文化比仅仅作出规定更容易被大学生接受。因此，学校要重视网络化建设，致力于打造校园文化精神的网络园区，并将学校标志性载体进行网络化，通过网络平台向学生介绍，可以增强学生对校园网络的好感，同时也能更好地发挥校园网络的引导作用。

3. 加强媒体素养教育

优化新媒体时代高校思想政治教育的内容结构，需要学校不断更新思想政治教育内容，实现内容结构的升级。时代的发展、社会的进步以及技术水平的提高，这意味着反映社会发展和人的发展需要的高校思想政治教育的内容也要不断发展和更新。

网络具有广泛的影响力，它深刻地影响着人类的生存方式，并在塑造现代文化和塑造人们的价值观念方面发挥着至关重要的作用。由于各种因素，大学生作为数量最多的网民群体之一，往往未能获得完整的知识结构，也并未发展为完备的心理发展水平，同时也受限于自身的阅读能力、社会经验和情感特征等，导致他们难以分辨网上信息的真伪，无法准确理解信息的含义，因此容易被负面信息误导。大学生在网络文化的深度影响下生存，因此高校应该不断强调网络素养教育，使媒体素养的价值观念和意识深入人心，成为思想政治教育不可或缺的组成部分。

媒体素养教育旨在引导学生正确理解传媒与相关信息，明智地使用媒体传播资源，培养学生拥有健康的媒介解读能力和批判思维能力。此外，媒体素养教育也旨在帮助学生充分利用多元媒体环境中的资源，不断完善自我，积极参与社会发展。所以说，媒体素养不仅仅是一种知识的框架，还包括技能和思维方式，是现代公民必须具备的基本素质。高校应当积极整合资源，通过开展现代大学生媒体素养教育项目，致力于提高学生在媒体及网络信息领域的理解、选择、评价、表达、创造以及批判鉴别能力，以适应时代需求。随着新媒体的发展，网络和手机的互动性以及高度便捷的使用方式提高了人们对于理性思维能力和知识结构的完善的要求和期望。此外，积极推行媒体素养教育计划，可以帮助大学生更好地理解、选择和评估网络信息，从而提高其思想政治教育水平。我们可以通过教育大学生遵守网络道德规范，让他们了解符合法律和道德标准的网络使用方式。这样能够增强他们的法治观念和道德素质，培养他们成为一定范围内具有创新力且以传播正面信息为主的"舆论领袖"。这将逐步促成在线上和线下思想道德文明建设的良性循环机制。

4. 构筑网络安全系统

现代社会是信息爆炸的社会，海量的信息良莠不齐，因而高校的教育者要引导大学生从中接受健康的文化，然而依靠教育者的人工作业根本不可行，如果教育者试图通过人力的方式从这海量信息中进行选择，剔除其中的杂质后将精华推向大学生，其结果必然是工作强度大、时效性差、效果不明显。因此，教育者必须清醒地认识到，要解决新科技带来的问题，只有依靠新科技的手段以及先进的管理机制才行。

以新技术取代旧技术，扩大积极效应。高校必须大力推进科学研究工作，有针对性地开发新技术。根据需求研究分析技术发展动态，进一步开发目标和方向，在现有技术的基础上进行创新，使网络技术更能够为传播先进的思想文化服务。

然而，最初的互联网个人主页对网民来说有着较高的技术门槛，如果想要在网上创建和维护个人主页，一个人必须掌握一定的网络编程、网页设计技术，他们为了将自己的个人主页放到网上，通常需要支付一定的费用来租用服务器空间，同时还必须了解服务器设置的相关知识。然而并不是所有的网民都具备这样的技术能力，即便能掌握这些相关的知识，实际操作起来也要耗费大量的时间、精力，这就使得大多数普通网民对个人主页望而却步。

人们以新技术约束旧技术，抑制负面效应，开发新的技术，或者对现有的技术进行二次开发，来抑制可能出现的负面效应。例如，针对即时通信工具被用来"裸聊"的现象，相关人员可以开发图像识别技术，从而对色情图像进行侦测和拦截。

安全问题始终是与因特网相关的一个重要话题。在早期的因特网上，时常发生诸如企业或机构网络遭到攻击、机密数据被窃取等事件。相对于西方发达国家，中国的互联网建设起步较晚，但近年来发展迅速，随之而来的网络安全问题、网络犯罪和网络黑客现象也是层出不穷。这些对青年学生造成的负面影响不容忽视。有调查显示，关于黑客的问题，表示崇拜电脑黑客的大学生竟然占到74.3%，同时也有88.3%的学生能认识到这是一种网上犯罪，侵犯了他人的利益。[①] 为了抑制网络技术带来的负面影响，人们必须加强新技术的研发，以网络手段应对网络发展带来的挑战。

一个健全的网络安全系统应包含对网络系统本身进行思想政治教育的措施，以及保障网络信息资源安全的措施。网络信息系统的安全性是指在规定的条件和时间内，网络系统能够保持抗毁性、生存性和有效性的特点。抗毁性是指系统在人为破坏情况下的可靠性；生存性是指在意外损坏的情况下系统的可靠性；有效性指的是业务性能的可靠性，重点是评估网络信息系统的部件在失效情况下能否满足业务性能要求。网络系统的物理层安全是网络信息安全的基础，是整个安全系统的必要组成部分，不可或缺。网络信息资源安全是指保障网络信息在传输、存储、使用过程中的安全性，此安全性包括确保信息完整地发送到指定服务对象，同时确保授权用户能按照需求安全地使用信息。在保护信息安全方面，需要特别关注互动式公共版块，以确保未经授权的用户无法访问、修改、复制或删除信息。当涉及思想政治教育工作网络系统的安全性能时，人们需要从多个方面进行约束

---

① 郝道海. 浅谈高校大学生黑客现象 [J]. 科学与财富，2017（08）：245.

和防范，包括法规政策和管理技术等。为了确保思想政治教育工作网络系统的安全性，人们需要根据可能遇到的风险进行评估，并制定相应的安全服务和采用合适的安全机制，整合先进的安全技术，形成一个全面的安全系统。为保障网络的安全性能，宣传思想部门、信息网络管理部门、公安部门以及所有用户单位需要建立起科学合理的网络安全管理办法，这些办法应在内部加强管理，建立恰当的网络安全管理系统、安全审计和跟踪体系，以达到提高网络整体安全性能的目的。

第三节　新媒体时代高校思政教育的话语重塑

一、新媒体时代高校思想政治教育话语重塑的基本原则

新媒体时代高校思想政治教育的话语重塑应遵循以下几个基本原则。

（一）政治性原则

政治性原则指的是在高校思想政治教育中，必须着眼于政治方面，并紧紧把握社会主义意识形态的特征来重构话语。高校思想政治教育话语需要具有一定的政治性与意识形态性，这是因为思想政治教育具有相应的政治性和意识形态性。这些概念需要用大学思想政治教育的术语来表达、描绘和塑造。现如今中国的高校思想政治教育必须贯彻中国特色社会主义理论体系，并使之成为思想政治教育的指导思想。在新媒体时代，高校如何保持思想政治教育话语的政治性呢？首先要始终保持对马克思主义话语的坚定立场。每种思想政治理论都带有其独特的观点和立场，其中所体现的是"谁"的价值观和主张，以及"谁"的利益和诉求，带来的结果是为"谁"服务的。在新媒体时代，各种不同的社会思潮和理论主张不断涌现，如果高校思想政治教育工作者或者大学生的立场不坚定，就可能会受到各种理论的影响，从而迷失方向。因此，高校的教师和学生需要增强辨别和判断能力，以应对来自网络媒体的干扰，坚定地坚持马克思主义的立场和观点。其次，我们应该始终把马克思列宁主义、毛泽东思想、邓小平理论、"三个代表"重要思想、科学发展观、习近平新时代中国特色社会主义思想作为指导思想和话语内容的选择标准，以此来加强大学生的思想武装。我们需要深入探讨党的基本

理论、基本路线、基本纲领和基本经验,并且接受深刻的中国革命、建设和改革开放的历史内容的教育,同时开展关于基本国情和形势政策的教育。此外,我们还需要加强关于制度性资源的话语。同时,要确保思想政治教育长期有效,应加强法律、制度和政策建设的支持,通过系统化的规则管理,指导大学生的思想及行为,让他们在长期严格遵守某些规章制度中不知不觉地接受其中所蕴含的思想观念,使得这些大学生可以逐渐将相关思想纳入自己的思想意识体系,进而通过自我管理来提升自身的思想境界。

(二)主体性原则

高校思想政治教育的主体性原则意味着受到教育的学生应该具备感知、选择、评估、融入和实践思想政治教育信息和环境的能力。大学生随着新媒体的发展,更能够形成独立意识、民主意识和自我意识,并使得相关意识不断增强,对自我及周围环境有更深入的认识和评价。因此,在新媒体时代,高校思想政治教育的言论必须重视学生的主体地位,并尊重他们在网络上自由表达的权利。

(三)人本性原则

人本性原则所强调的是高校思想政治教育的话语传播应以学生为中心,不仅要教育、引导、鼓励和督促学生,还应尊重、理解、关心和帮助他们。在新媒体时代,扭转教育者话语垄断需要采取平等自由的对话方式,让受教育者有听取和理解的权利。这种方式并不是一味地互相陈述观点,而是需要在双方共同发言和思考的基础上,理解对方的立场并进行交流和对话。在高校思想政治教育实践中,教育者应强调服务导向,不仅关注教育管理,更注重教育管理与服务并重,了解大学生的实际需求和面临的困难,将思想政治教育运用于解决实际难题,用实际行动赢得人心、影响人心、教育人心、引导人心。教育者应当营造一种和谐的言语环境,以真诚、尊重、关爱和鼓励的态度对待学生,将积极的情感元素融入思想政治教育的说辞中,以此激发学生内在的积极情感,促使双方实现充分的交流和沟通。

(四)现实性原则

现实性原则是指高校思想政治教育话语传播必须紧密结合实际、贴近生活,真正服务于现实需求,从而成为思想政治教育话语传播的核心观点。高校思想政治教育应当在新媒体时代采用创新的话语方式，紧密结合现实情况，因为只有从现实出发，紧贴实际，才能够帮助大学生提升思想境界，进一步拓展思维领域。只有在现实服务的过程中，思想政治教育话语才能得到社会实践的证明，真正反映出其传播效果。思想政治教育话语的生存基础是与人民群众生活密切相关，只有贴近人民生活才能真正落地实施，并实现现实发展的原则要求。思政教育工作者需要深入了解大学生的生活，增强对他们生活的实际感知和认知。我们需要用更贴近生活的语言，把学术性话语转化为通俗、生活化的话语。这样才能让大学生更深刻地理解思想政治教育，也更容易将它应用到自己的生活中，获得真实而深刻的感悟。

（五）创新性原则

创新性原则指的是高校思想政治教育的话语应紧跟时代潮流，摆脱陈旧观念的限制，创造出适应当前时代需求的全新表达方式。随着新媒体的迅速普及，需要我们对思想政治教育的话语创新提出全新的要求。因此，我们必须不断地更新自己的理论知识，以推进实践的创新，达到让思想政治教育的话语更富有活力与生机的效果。高校思想政治教育的话语创新需要具备目的、内容和方法的创新，只有这样才能使思想政治教育的话语发挥出最大的传播效果。

（六）开放性原则

高校思想政治教育应秉持开放的原则，坚持在话语传播方面以国内为基础，同时注重全球视野，建立开放完善的体系。新媒体具有开放性，因此高校在进行思想政治教育话语传播时，需要紧跟时代潮流，密切关注网络文化的发展与变化。同时，高校还应该善于从网络话语中搜寻新的词汇和表达方式，从而为思想政治教育话语注入新的元素与内涵。高校思想政治教育工作者被要求具备全球视野，站在全人类的立场上，注重现在并展望未来，积极吸收并借鉴包括发达资本主义国家的成功经验和做法，使其与我国的思想政治教育方法相融合，旨在创造符合我国国情的思想政治教育方式方法。此外，高校思政教育工作者还需要通过比较在相似背景下的不同社会制度下的思想政治教育的共性，探究规律，并深入挖掘多元文化背景下思想政治教育的时代性要素。值得注意的是，高校思想政治教育需要更开放的话语环境，这是必不可少的。

(七)价值性原则

价值性原则是指高校思想政治教育话语创新需要符合当下社会的价值取向。大学生天生好奇心强,对当下社会的各种潮流非常感兴趣,但是社会思潮的多样性和复杂性是他们很难掌握和理解的,这可能会混淆他们的价值观。因此,在创新话语时,需要考虑符合某些社会主流价值观的导向性。

(八)有效性原则

有效性原则在此处具备双重意义:第一是话语专业化。高校思政教育的话语需要与其他话语存在一定的联系并保持自身的独特性和差异性。不同学科具有独特的语言规范,因此高校的思想政治教育必须使用适合本学科的专业术语和表达方式,不能简单地用其他学科的语言去替代;第二是话语时代性。大学生是特定时期内的一群独特的人群,因此高校的思想政治教育需要创新话语,以符合大学生的心理和接受方式,并与时代保持一致。不同时代的大学生在表达方式和接受方式上存在差异。因此,高校的思想政治教育必须注意到大学生的话语接受方式,才能取得实际效果。

(九)统一性原则

统一性原则,要求高校思想政治教育的话语体系中的话语需要严格遵循一致性和统一性,尽可能减少重复和交叉,实现协调一致。高校思想政治教育的话语传播需要内部一致的话语体系,以表达出统一的内在思想。如果不遵循话语的统一性原则,在使用中随意变换语言风格所表达的内容,表面上可能会有新颖之感,但实质上这往往会导致话语传播的混乱和矛盾,从而难以发挥话语正确引导的作用。另外,我们发现在运用属性话语时,一些新的话语也出现了。它们可能是以新话语主词话语观点抑或是新题材为基础提炼出来的,虽然与原有的思想政治教育理论观点不完全相同,甚至在表面上会产生矛盾对立。但随着思想认识逐步实现统一,我们可以通过事物发展的对立统一原则对这些话语进行论证,从而得出一些新的符合马克思主义哲学命题的思想政治教育话语。如果我们正确理解统一性原则,那么在高校思想政治教育的话语传播中,我们就可以更加自如地使用边缘属性和非常规属性话语运用方法。

二、新媒体时代高校思想政治教育话语重塑的路径选择

新媒体时代高校思想政治教育的话语重塑是一项系统工程，需要从多方面进行重塑，可从以下几个方面选择路径。

（一）加强高校思想政治教育工作者的平等对话意识

针对目前高校思想政治教育话语权的现状，需要切实加强高校思想政治教育工作者的平等对话意识。

1. 建立新型的平等主体交往关系

新媒体时代的浪潮滚滚而来，汹涌澎湃，网络文化也借此逐步形成，传统教育环境下教育者的教育权威受到了严重挑战，教育者的话语不再是至高无上的，学生们通过新媒体逐渐掌握了话语的主导权。这种情况在很大程度上削弱了教师的权威，挑战了传统的教育方式。网络语言的流行促使教育者和受教育者之间身份和地位的隔阂得到消弭，建立了互动式的、平等对话的关系，这取代了传统的一方传授、另一方接受的对话关系。建立这种关系也就表明大学生可以获得对思想政治教育文本和道德行为解释的权限，这样教育者和受教育者之间的身份和地位差异就能够消除，从而促进彼此之间的真诚交流。只有这样，才能确保思想政治教育话语在教育者和受教育者之间真正起到连接的作用，让教育者从控制和支配者转变为真诚的对话者。

2. 尊重学生的网络话语权

为了实现这一目标，我们需要深入了解并承认大学生在网络上的话语权，允许他们通过新媒体渠道表达不同的思想。我们还需要积极倡导、宣传正确的思想观点，同时反对和谴责有偏差的观点，帮助大学生在实现言论自由的前提下，更加理性地运用自己的话语权，避免言论滥用的情况出现。

3. 转变话语方式

双方应该进行平等和自由的对话，这样可以让双方充分表达自己的观点，并倾听和理解对方的意见。为了达成真正的理解和共识，双方应该站在对方的立场上思考和沟通，这种对话是开放式而不是封闭式的。通过真诚的交流，双方可以打开心扉，真正地认识彼此，了解彼此。在双方沟通的过程中，教育者需要关注交流内容的真实性、规范性以及情感真诚性，并反思自身的权威性。此外，教育

者需要认真倾听受教育者对思想政治教育文本、自身道德行为和生命意义的理解和解释,并依据有效的论据进行对话和讨论。这样可以培养受教育者的信念,引导他们不断反思与感悟,认识到自身与社会要求存在一定的差异,并积极地克服这种差异,最终充分享受愉快的成长过程。

(二)将思政教育话语向大学生现实生活回归

1. 思想政治教育理念要回归生活世界

高校思想政治教育需要结合学生的日常生活和实际情况。高校思想政治教育话语必须紧密贴合学生的生活世界,不能背离学生的现实生活,也不能在虚幻的世界里建立一套脱离实际的思想政治教育体系。在思想政治教育方面,我们需要回归到现实生活中,将教育理念贯穿于高校的日常生活中。过去的思想政治教育过于关注社会的眼前需求,这种思维方式容易导致人们只注重近期效果而不作长远考虑,在思想政治教育实践中应力图避免这种短视行为。为了实现这个目标,高校应该把思想政治教育的话语融入大学生的生活中,并积极介入他们的生活,放弃过去高高在上的做法,贴近大学生的生活,并从他们的实际生活中出发,研究和选择适合的思想政治教育内容。这样,思想政治教育的话语就能更加符合大学生的实际情况。

2. 要在价值取向上关注思想政治教育话语的生活维度

(1)对思想政治教育的理解,不能仅仅从政治需要的角度出发,还要从人在生活世界中的主体性的角度出发,将思想政治教育从过去的宏大叙事中解放出来,真正回到个体生活世界,首先需要关注大学生的精神生活的重建,尊重人的生命意义和生命价值,其次再考虑政治的需要。

(2)思想政治教育应将大学生的日常生活作为价值起点,重视日常生活中的价值建构。思想政治教育应真正尊重个体的生命体验,承认人性的复杂和多元,同时善于从鲜活生动的、富有生命意义的日常生活世界中提炼出真正能够烛照人性、提升人的境界的元素。

(3)强调思想政治教育回归日常生活世界,并不意味着思想政治教育对日常生活世界的妥协,而应该是一种建立在对日常生活世界有深刻了解、理性反思基础上的有条件的超越。这也正是高校思想政治教育的价值目标,即既要对现实生活保持谦恭的态度,尊重生活世界的生命体验,又要穿越现实生活的迷雾,对生活世界保持一种审慎的反思态度和一种有所超越的理性态度。

3.要在话语内容上更加贴近生活世界

（1）要善于转化语言，把党的重要文件、重要会议、历史文献等类型的语言转化为适合大学生特点的话语，这样既把握住了正确的政治教育方向，又能使大学生乐于接受。

（2）善于从大学生的校园生活中提炼新话语，使思想政治理论课不断地生活化、现实化，这也是高校思想政治教育向"生活世界"回归的重要内容。

（3）从大学生的网络话语中汲取新话语。教育者可以大胆借鉴网络中的一些健康的、有益的、流行的话语形式和内容，丰富其话语体系。

（4）关注受教育者当下的虚拟化生存。新媒体的出现极大地拓展了现实生活的内涵，成为受教育者个体日常生活的重要构成，并对其产生着不容忽视的积极和消极的双重影响。思想政治教育话语要为虚拟化生存的规范化提供思想道德文化的支撑，以符合网络特点的网络文本形式，恰当而生动地展现博大精深的中国传统文化和代表时代特征的马克思主义文化，使受教育者在虚拟环境下通过网络文本的选择与解读接受规范传递与价值引导。

（三）积极拓展高校思想政治教育话语资源

积极拓展话语资源，整合有利因素，形成高校思想政治教育工作新的话语优势，是新媒体时代对高校思想政治教育提出的新要求。

1.利用新媒体技术，积极拓展高校思想政治教育话语的辐射空间

高校思想政治教育工作者需要以适应网络文本特点的方式，生动地展现中国传统文化和马克思主义文化，且不改变原有意义。同时，尽可能将人类在政治、法律、道德、艺术、科学、宗教和哲学等领域取得的丰硕成果，以及具有代表性的科学理论、艺术作品和中国五千年的优秀传统文化，以数字化的形式转化为网上可浏览的内容。只有增加网上信息的多样性，才能扩展高校思想政治教育的影响范围，让学生在网络环境中通过阅读、讨论和交流等方式，潜移默化地接受规范传递和价值观的引领。

2.要善于从网络话语中汲取新话语

作为一种新颖且逐渐风靡的传媒方式，网络为大学生带来了不尽的诱惑，也提供了极为广阔的创意的发挥空间。网络的普及极大地扩展了思想政治教育的范围和受众，使其从实体世界逐渐延伸到虚拟世界，从宏观层面拓展到微观层面。网络话语的产生不仅是网民进行交流和表达意见的方式，也是网民虚拟生活方式的一部分。高校思想政治教育工作者应当放弃对网络言论的轻视和漠视，要更深入地了解大学生在网络上表达言论的特点和规律，并善于利用这些网络话语。为了更好地与大学生网民进行对话和沟通，我们应当勇于吸取网络上一些健康、有价值、积极向上的言论，并融入符合大学生群体的话语形式和内容，进一步丰富高校思想政治教育话语的内涵。

3. 要密切关注网络文化的发展变化

高校思政教育工作者应当紧跟时代潮流和网络文化发展方向，熟悉当前大学生的审美喜好，深刻理解他们的观赏心态，归纳大学生常用的语言修辞，挖掘并创造更多具有时代和事物特色的新颖表达方式，从而实现思政教育语言的再创造。

（四）注重人文关怀和心理疏导

1. 增强话语的人文关怀

高校思想政治教育的实质在于关注和关爱大学生的实际需求，因此需要重视人文方面的工作。第一，高校思想政治教育话语传播应与大学生的实际生活密切相关，教师应及时了解大学生的思维、情感和兴趣爱好，准确把握大学生的思想动态，并将这些元素融入教育话语中。第二，高校思想政治教育需要充分考虑大学生的情感和需求，关注和解决他们在现实生活中遇到的问题和困难，希望能够给予大学生温暖和关爱，为其营造舒适的教育环境，让大学生真正接受并认同教育者的思想理念，形成独立的道德人格。第三，高校思想政治教育工作者应该在互联网上建立心理知识宣传栏、心理咨询室和心理门诊室等，以便为大学生提供心理疏导服务。通过网络，教师要认真聆听学生的思想和情绪，尊重他们的想法和感受，帮助他们自主地分析面临的问题，探究导致心理困惑的原因，并发掘大学生内在的心理需求。此外，借助双向沟通来激发大学生的潜在心理能力，减轻他们可能面临的焦虑、压力等负面情绪，从而促进他们在大学里健康成长。随着这个过程的进行，教育者能够获得更多大学生的信任，因而提升自己的影响力和话语权。

2. 营造融洽的话语言说场景

在高校思想政治教育交流中，情感扮演了非常重要的角色。因为在一定程度上，思想政治教育的语言表达的只是表面信息。因此，如果情感处理不当，就会导致思想政治教育的失败。当教育者在表扬受教育者时，若带有嘲讽语气或表情，即使表扬本身合理，也难以被受教育者接受。如果教育者和受教育者之间缺乏理解与沟通，思想政治教育也会受到阻碍，双方难以形成共识，也很难相互理解。所以说，高校的思想政治教育工作者需要创造一个和谐的交流环境，真诚地尊重并激励受教育者，并将积极的情感元素融入思想政治教育言语中，以激发大学生内在的积极情感。这样，双方才能实现有效的交流和沟通，为顺利推进思想政治教育交流发挥重要的支持作用。

3. 加强思想政治教育工作者的服务意识

在新媒体时代，高校思想政治教育要与学生进行有效的对话，需要确立"服务育人"理念。建立这一理念有助于实现知识和爱的融合，从"传达信息—宣传教育"的传统模式转向"传达信息—推销自我"的模式，这样教育者才能摆脱自己的束缚，真正站在学生的角度思考和表达，只有这样，大学生才能从思想政治教育话语中感受到教育者真挚的关爱和帮助。这种充满感情的思想政治教育言论可以帮助受教育者更好地理解生命的意义，并珍视生活的价值，提高思想政治教育言论的传播效果，而思想政治教育工作者也将在学生中赢得威信。

（五）提高高校思政教育话语的管理水平

1. 充分发挥多种媒体之间的协同作战

传统媒体，如校园报刊、广播、电视等，在信息的可信程度、受众范围等方面均拥有独特的优势。在新媒体时代来临时，我们应该将传统媒介和网络媒介有机地结合起来，采取立体化的引导方式，积极推动校园言论的共识形成，进而确保其话语的公信力和权威性不被破坏。因为传统媒体对网络言论进行选择和筛选，因此更容易获得受众认可，有助于形成话语共识。多种媒体间的协同作战和立体化引导策略，可以协同提升高校思想政治教育话语引导的效果。

2. 建立网上权威的思政教育话语体系

为了建立网上权威的思政教育话语体系，可以采取以下措施：（1）通过多种方式对大学生进行理想信念教育，确保正确的言论传播。（2）倡导"疏堵结合，引导为主"的理念，通过引导的方式实现话语的传播。"疏"指的是保持敏感、把握动态，采取线上引导措施，消除错误言论，及时发布正面信息；"导"指的是积极主动地采取行动，抓住机遇，引导形势朝着有利方向发展。我们需要积极应对反对的声音，大力倡导社会主义主流和核心价值观，并采取积极的行动。（3）我们应该通过多种方式来探索，充分发挥高校思想政治教育的积极作用。除了加强监管和有效预防，我们也应该依法追究那些利用网络传播有害信息的人的责任，以此逐步实现网络道德建设，并采取措施，在本科生中主动推行媒体素养教育。（4）培养学生正确认知和有效运用网络的技能，加强他们对网络责任的认知和自我管理的能力。（5）在高校培养一支队伍，该队伍需要既了解思想政治教育，也熟悉网络技术和网络文化，能够利用吸引学生注意的方式来引导话语传播，使思想政治教育成为更加有教育意义、具有感染力的话题，并进一步促进大学生网络行为的健康发展。（6）应该强烈重视网民评论工作，建立并培养一支既专业又反应敏捷的网络评论员团队。网络评论员应该积极介入校园BBS和校外网站的交互栏目，针对不良信息和言论加以科学合理地处理，主动发起评论、积极跟帖、恰时结帖，以普通网民的身份参与互联网讨论，从而遏制有害信息的传播。需要设立网络管理和网络评论人员的学习、培训、考核制度，提高他们的政治理论素养，促进他们形成符合马克思主义价值观和道德观的态度和行为方式。同时，通过加强网络信息技术的培训，提升他们在网络传播中解决问题的能力，增强思想政治教育话语的传播效果，吸引和感染更多的大学生。提高其应变能力，使其能够快速、精准地识别问题，并有针对性地展开工作。

3. 积极建设服务大学生发展要求的绿色网络载体

大学生经常使用门户网站、专业网站和主题网站等网络平台，这些平台在他们的学习、生活和娱乐方面起到了正面作用。我们需要遵守网络法规以及社会伦理道德，妥善使用网络载体，并携手维护网络载体。我们还需要加强技术创新，研发适合青年学生的绿色网络平台，并且这些平台应该具备科技水平高、易于使用和操作的特点。

4. 营造适合大学生身心特点的绿色网络场所

我们需要对网络话语的各种形式，例如发跟帖、论坛、博客和视频等进行管理。我们应该倡导网络文明公约，安装适合的过滤软件来保护青年学生，避免不良信息对他们造成的伤害。此外，我们也需要建立有利于青年学生上网的场所，建立规范和标准，以创建一个符合环保要求的网络平台，促进年轻学生的成长和发展，通过举办多样化的网络竞赛，发现和推荐各领域有潜力的年轻网络人才，致力于培养更多绿色网络人才。

（六）重塑思政教育工作者素质

新媒体背景下，高校思想政治教育工作者要重塑自身素质，努力提高话语创新能力，必须做好以下几个方面。

1. 思政教育工作者要能熟练使用和操作新媒体

高校思政教育工作者需要掌握受教大学生群体的网络用语，并且适应他们的交流方式，才能准确地了解他们的生活习惯和心理动态。这样，思政教育工作者才能够迅速地把握受教群体的思考方式和行为变化，从而进行更有针对性的教育。要实现思想政治教育话语的成功传播，思政教育工作者必须深入研究并掌握网络话语这种新的沟通方式。只有这样，他们才能与受教群体建立信息上的沟通和交流，有效地传达教育信息，并获得思想政治教育话语传播的最佳效果。

2. 思政教育工作者要积极融入学生的网络生活

高校思想政治教育工作者应积极融入网络社交、学习、娱乐等领域，深入了解学生在网络空间中的交际、学习以及心理、行为等方面的变化，真正实现与学生在同一平台上的交流。

3. 要加强思政教育工作者的话语创新

高校的思想政治教育工作者需要深入研究和分析传统的思想政治教育方法，同时还要积极探索话语的创新规律，并丰富思想政治话语的含义，进而有效拓展语汇的范围，以构筑一种新颖、合理的话语。只有采用这种方式，才能充分发挥它在思想政治教育中的主导作用，并重新确立自己话语权的有效性。

（七）健全新媒体信息监管机制

不良信息在网络上的传播，是新媒体对大学生所产生的一个重要的负面影响。大学生缺乏经验和成熟的思维，容易受到外界信息的影响。高校需要加强新媒体建设和管理，以提高思想政治教育对话语传播的有效性，从而最大限度地避免负面影响。

1. 要加强网络管理和网络舆情分析工作

高校需要建立一个专业的网络信息管理部门，负责进行网络管理和舆情分析，并采取措施管理网上的内容。该部门将收集相关信息并制定相应的管理措施。我们可以联合校内师生骨干，建立一个敏捷的"网上督查队"，全天候监控和维护校园网的稳定运行。例如，相关人员在 BBS 上及时捕捉和回应热门讨论话题，对于错误的观点或存在有害影响的言论及时进行澄清，给予正确引导，通过积极发布学生关心的信息，提高学生们对校园网的兴趣和关注度，从而可以减少消极信息对他们的影响，还要确保网络上发布的信息质量，必须建立审查和监控制度。此举包括审查式地发布电子公告的服务信息和个人主页信息，同时对校园网络的链接进行一一筛查，以确保师生上网符合安全规定和网络言行规范。以上措施旨在营造一个积极健康的校园网络环境。

2. 积极利用网络软件保证校园网络的健康发展

当前，网络和市场上提供了许多种防御和过滤网络攻击的软件，这些软件可以防止电脑病毒、网页篡改以及非法入侵等各种网络问题，同时还提供了专为青少年设计的过滤保护浏览器和设定上网时间的监控软件。高校思想政治教育工作者有责任利用网络技术手段来确保校园网络的清洁无污染。

3. 运用法律的手段维护网络的安全

我国为加强对互联网管理，也先后出台了系列法律、法规或公约，如《文明上网自律公约》《中国互联网网络版权自律公约》《关于网络游戏发展和管理的若干意见》《互联网 IP 地址备案管理办法》《非经营性互联网信息服务备案管理办法》《互联网站禁止传播淫秽、色情等不良信息自律规范》《全国人民代表大会常务委员会关于维护互联网安全的决定》等。高校要加强全校范围内的网络法律、法规的宣传和教育，还应根据本校的实际情况制定相应的校园网络规章制度，规范校园网络的运行和管理，使得高校大学生具备良好的网上法律意识、责任意识和安全意识，规范大学生的网络行为，倡导健康、积极的高校网络态度。

（八）构建高校思政教育新话语体系

当前，推进高校思想政治教育话语的创新发展，应着力做好以下三个方面工作。

1. 加强理论研究

目前，我国新媒体的发展和影响正处于不断变化的阶段。对于那些在新媒体建设和应用方面走在社会前沿的高校来说，新媒体的发展以及它对大学生思想和行为的影响都在不断变化，这需要我们不断创新和发展理论研究，以便更好地引导大学生形成正确的思想与行为。随着新媒体不断创新和发展，在高校思想政治教育工作中出现了话语鸿沟现象。随着新媒体对社会影响的深入，新媒体未来还将带来更多更新的课题。高校思想政治教育工作者需要加强理论研究，运用马克思主义的观点、方法和立场来分析社会、政治、经济、文化和道德问题，通过对思想政治教育内容的系统归纳和提炼，形成更加通俗易懂、贴近生活的教育话语和新话语体系，从而构建符合马克思主义中国化理论语境的新思想政治教育话语体系。这些理论研究成果可以应用于思想政治教育课教学和日常管理实践中，帮助激发教育工作者的话语系统，提高他们的思想政治教育话语水平，提高高校思想政治教育的效果。唯有这样，我们方可在新媒体时代中，陪伴并引领大学生健康成长。

2. 加强思政教育话语整合

在高校思想政治教育的发展历程中，其学科内部出现了实践和研究这两类话语，但目前它们的整合尚不充分。思想政治教育的一线工作者是实践话语的主导者。但现有的思想政治教育理论往往缺乏应用性，导致思想政治教育工作者通常会忽视或不信任现有的研究理论。然而，由于需要总结归纳和交流工作经验，这些工作者只能依靠经验式的具体、琐碎的话语来进行讨论。这种方式无法形成一个具有影响力的话语体系。思想政治教育理论工作者是研究话语的主要探究者。因为思想政治教育学科成立时间不长，所以需要进行一系列的理论探究，包括学科结构、学科范畴等方面的思辨性研究，以建立起思想政治教育学科的理论基础。此外，在思想政治教育学科理论研究中，部分学者过于重视学理化的演绎和抽象，忽视了实践性特点，导致思辨性话语成为学界主流。这两种话语通常在现实生活中交织，但话语主体之间却存在彼此都不重视的情况。从理论工作者的角度看，实践工作者的理论素养不足，所从事的是较为基础的工作；从实践工作者的角度看，理论工作者的实践经验欠缺，主要从事理论研究活动，这导致两者之间的沟通不畅，协同困难。因此，整合思想政治教育的话语，成为建立高校新思想政治教育体系的紧迫任务。

3. 加强话语系统的协调性

高校思想政治教育新话语系统需要注重话语的协调性，这是推动高校思想政治教育创新发展的必要条件，也是构建高校思想政治教育全新话语系统的最终目的。这是由于需要教育者和受教育者在认知基础、价值观和目标设计等方面进行协调和融合，以实现协调性要求。现阶段，我国高校思想政治教育的成效不尽如人意与话语体系权力主体及其信息重叠率低密切相关。因此，我们需要不断消除障碍，以促进教育者和受教育者之间的信息沟通和交流，并找到让他们的话语系统相融合的方法。另外，要实现协调性，需要将教育话语与教育环境融合在一起。高校思想政治教育需要在本体话语系统的基础上进行，但同时也必须受到学术界整体话语系统的限制。任何话语都无法逃避特定时代所普遍存在的语言环境所带来的影响，都受到其所处语境的限制。在一个多元化的社会里，人们的价值观、信仰和利益之间难免会产生冲突，这些冲突只能通过"协商"来解决，从而制订出关于争议的解决规则，以此维护社会秩序。各方可以通过协商来解决存在的冲突，其中包括教育主导者、社会各界，以及受教育者等各方的冲突，这样可以促进新思想的形成。在这个过程中，高校的思想政治教育新话语系统需要协调主流和非主流话语，也要协调传统话语和现代话语、后现代话语等。

总的来说，我们需要协调话语系统，让高校的思想政治教育内容更加全面，不只是关注政治意识形态，也要关注政治、经济、文化、社会和个人生活。我们需要建立起思想政治教育与生活世界的联系，让思想政治教育更贴近公共需求和个人需求。这样，我们可以拓展思想政治教育的交流语境，并打造一套以科学的"真"、人文的"善"、艺术的"美"和技术的"实"为基础的新话语系统。

第四节　新媒体时代高校思政教育发展的传媒载体

在高校当中，进行思想政治教育时需要使用特定的媒介。高校思想政治教育现在可以借助新媒体的出现及发展来拓展更多的教学渠道和形式。随着信息技术的飞速进步，新媒体已逐渐成为高校师生获取知识和各种信息的主要途径。随着新媒体的出现，高校思想政治教育工作具备了更加广阔的平台和信息资源，但同时也使得他们面临着新的挑战，因为新媒体对主流意识形态的掌控为其带来了难题，这加大了高校思想政治导向的难度。因此，使用新媒体进行高校思想政治教育，需要更加高效的方法和手段，并且对工作队伍的素质提出更高的要求。

一、传媒载体——思想政治教育主题网站

（一）高校思政教育应用主题网站的依据

1. 由高校思政教育的总体目标决定

新媒体时代要求高校思想政治教育不断发展和创新，这就要求必须抢占网络这一广阔的舆论阵地。中共中央、国务院《关于进一步加强和改进大学生思想政治教育的意见》中强调，要努力拓展新形势下高校思想政治教育的有效途径。在新媒体时代，高校思想政治教育要主动占领网络舆论阵地，积极利用校园网为大学生服务，这不仅是大学生学习、生活等方面的需要，更是实施高校思想政治教育的新途径。

2. 由信息技术发展的时代需求决定

在新媒体时代，网络正在经历一场革命，互联网发展的速度比以往任何科技都要快，它覆盖了全球各地。网络为人类带来了全新的交流途径，对人类生活方方面面均产生了重要的推动性作用。然而，网络的特性如开放性、匿名性和个性化参与等，却可能导致一些有害信息在网络上广泛传播，对人们的正常生活和思想观念带来负面影响。这也有很大可能会对大学生思想政治教育的顺利进行造成不利影响。大学生处于思想发展阶段，他们的世界观、人生观和价值观还在不断发展，因此需要引导和塑造其养成积极健康的思想，在这个过程中需要防止其受到不利信息的影响。为了加强网络大学生的思想政治教育，有必要创建一个专门负责思想政治教育的网站，以全面推行大学生思想政治教育工作。

3. 主题网站是高校网络思想政治教育的重要手段

随着新媒体的兴起，互联网的普及已经令上网成为大学生必不可少的学习和生活方式，因此大学生成为广大网民的主体。此外，随着网络技术的发展，大学生思想政治教育也获得了更加方便和多元化的教育方式和途径，不受地理位置和时间限制，实现了全方面覆盖。当前，通过网络平台进行大学生思想政治教育已经成为不可或缺的重要手段。所以说，为了提高大学生思想政治教育的实效性，需要深入了解和研究网络的特点和规律，以便采取更加有效的措施和手段。同时，创建一个大学生思想政治教育主题网站，在网络世界中营造一个正确、健康的思想氛围，打造一座精神家园，以应对当今社会所面临的挑战，这是新媒体时代下

必须推行的措施。

（二）主题网站建设在高校思政教育中的应用策略

1. 加强对主题网站建设重要性的认识

在建设思想政治教育主题网站时，应坚持以人为中心的原则。在创建网站时，我们应充分考虑到当前学生和教师的思想特点，并在网站的栏目和内容设置中体现出尊重、关心、爱护、服务学生的特点，以确保学生能够顺利开展自身学习生活，进而获得成功。基于此，我们需要保证各种各样的声音都能够存在。我国正在飞速发展，对于大学生来说，可能会通过深度思考发现其中存在的部分问题，且可以从中提出各种自己在思考之后获得的理解，对于教育者来说，只要大学生提出的这些理解是健康的，那么就需要对这些问题进行认真细致的回答。所以，为了实现以上目标，就应当在网站当中对相应的工作原则与工作思路加以明晰，严格管理，结合互联网技术的便利，进一步加强对于主流的网络阵地的建设。

2. 积极建设主题网站信息内容与形式

（1）主题网站内容要力求生动实际、充满活力

为了能够获得大学生浏览者的关注，网站应针对大学生群体关注的热门话题，采用易于理解、易于接受的形式设置专题内容，以提高文章的可读性和易懂性，从而达到吸引更多浏览者，进一步提升网站流量。思想政治教育主题网站追求的目标是将复杂晦涩的思想政治理论知识以生动有趣的网络形式呈现，使学生易于理解和吸收。除此之外，为了吸引更多的网民，网站需运用文字、图片、音频、视频等现代化技术手段，以综合详细、多角度、多层次的方式呈现信息，从而创造出"集束效应"，增强网站的吸引力和影响力。

（2）组建主题网站联盟

一个重要的手段是在高校思想政治教育主题网站的建设方面，重新调整布局并提升规模和实力，以解决零散影响力较小的问题。在构建思想政治教育主题网站时，我们应避免重复建设类似的内容。我们可以使用链接等方式来补充自身内容的不足，这样可以更加全面地提供教育服务。此外，这样的做法也有助于受教育者自我管理、自我教育、自我服务和自我发展的能力的提升。借助思想政治教育主题网站联盟，网站之间可以开展合作交流、资源共享、优势互补、平等对话等多项活动。

（3）实现主题网站的网上网下良性互动

在网上和线下相结合的互动中，可以巩固和提升思想政治教育的成效。对互联网的应用已经成为当代不可回避的新势头，探索网络思想政治教育，加强互联网的普及尤为重要。我们应该努力总结工作经验，利用科技进步带来的网络变化，采取高效的工作方式，取得更大的成果。然而，尽管高度重视网络思想政治教育，仍不能否认"线下教育"方式的持续存在。传统的座谈、访谈、问题调查、报告会和学生文娱活动等仍然是在现今高校思想政治教育工作中非常有效的途径。这些方法不仅方便了解和把握学生思想政治动态，也能及时洞察和反馈网上思想政治教育效果。

3. 大力构建主体网站建设的技术平台

随着互联网技术和应用的迅速进步，人们对互联网的认知和使用程度不断加深，年轻人特别受其吸引。借助互联网，人们可以轻松获取知识和信息，从而提高生活品质。然而，因为互联网具有开放性，网上信息的质量良莠不齐。一些有害信息如反动、色情、暴力等信息大量传播，对社会稳定和青少年的身心健康造成极大的威胁。所以说，需要加强网络安全技术的研发，以预防黑客和计算机病毒的攻击，保障主题网站的正常运行和数据信息的安全。同时，我们应该建立可靠的网络技术"防火墙"，对网站信息进行实时监控、过滤和筛选，并定期进行安全检查，以防止垃圾信息的传播，从源头上保护大学生安全上网。确保大学生能够在一个安全、健康的网络环境下上网是实施网络思想政治教育的技术前提和必要条件。另外，还需要控制"出口"，监控校园网内的网络活动。我们应该充分运用网络信息过滤工具，将含有色情、反动、违反法律法规的信息屏蔽起来。滤网软件是一种有效的工具，可以通过它来过滤那些有害的信息。只需要将不良信息添加到屏蔽列表中，软件就会在网站访问者尝试提交这些信息时自动屏蔽它们。同时，软件会弹出提醒对话框，提醒访问者遵守互联网相关法规，以规范自己的网络行为。这种方式既能保护网站访问者，也能规范他们的言论行为。除了在网站有管理员值班的时段进行监控外，我们还需采用审核的措施。也就是说，当网站无人监控时，访问者提交的信息只有通过管理员的审查才能被正式发布。这种做法能够有效避免不良信息的大肆传播，从而避免网站出现管理事故。我们要确保大学生在上网时不发表不合法、不合理、不合情的言论和观点，并对任何过激或不当的行为和言论进行引导和及时纠正，以达到预防违法行为的目的。

4. 加强主体网站的管理机制与工作机制

（1）在制度管理方面

高校思想政治教育主题网站安全管理的核心之一是规章制度，该制度必须贯穿于系统整个安全生命周期。制订网站安全管理制度的时候，需要明确安全管理等级和适用范围，如制订关于网站操作的使用准则，建立网站系统的维护规范和响应紧急情况的预案等。同时，需要逐步细化岗位职责、制订各类日志和安全管理规程，以确保各项工作有明确的规定和规范可依从。

（2）在人员管理方面

在网站安全管理中，需要提升管理和使用人员的安全意识，以有效地解决内部安全隐患，确保网站信息安全的关键在于明确人员分工，每项任务都应指定专人负责，包括但不限于用户安全、密码管理、权限控制、信息上传和发布等，强化管理规范，严格追责，确保系统稳定运转。同时，逐步积累实践经验，进一步增强技术人员的学习与培养。

（3）在危机管理方面

制订网络故障应急处理预案，并落实系统备份计划，保障系统完整的数据备份工作的完成，引入24小时网络监控值班制度，以确保每个事故处理环节得到落实，做好充分的准备，以保障网站安全、稳定地运行。

二、传媒载体——微博

（一）微博对思政教育的影响

1. 扩大了学生思政教育的网络空间

为了进行学生的思想政治教育，教育工作者通常会采取两种形式，即在课堂上进行理论教学和课外组织思想教育实践活动。尽管传统教育活动有一定的启发作用，但是可能存在受限于时间和空间等因素，导致思想政治教育工作效果不尽如人意并无法覆盖到更广泛的范围。在互联网世界中，人们可以自由地表达自己，并获得随意亲近的感觉。微博的存在为学生提供了虚拟的网络空间，开拓了全新的思想政治教育途径，使思想政治教育能够不受时间和地域限制。

当代学生在勇于尝试新事物的心理特点上，微博的存在使得这些大学生得到了满足。微博资源丰富，学生可以轻而易举地找到自己感兴趣的内容，在微博上，学生可以无拘无束地表达自己的情感和内心世界，这样，教育工作者可以迅速了解到他们的思想动向。在虚拟网络空间中，每个人都享有平等的表达权，可以自由地表达自我，还可以减轻现实生活中的精神压力，让情绪无拘无束地宣泄出来。微博平台提供了多种形式的学生意识形态教育，这有助于满足不同学生的需求，增强思想政治教育的吸引力和活力。这种以娱乐为主的寓教于乐的形式，让学生更加容易接受，同时也扩展了学生思想政治教育的教学空间。

2.丰富了学生思政教育的信息内容

随着互联网社会不断扩张，以及对现实生活的渗透，人们对信息的需求越来越迫切。网民现在需要更丰富、更实用的信息，并要求信息获取更加便捷。在微博上，我们可以获取各种各样的信息，它们的数量庞大，种类广泛，而且更新速度快，这些都能够满足学生获取最新资讯的需求，满足他们对知识的渴求。由于微博作为一种全新的传播媒介，其形式繁多，内容也更加碎片化，因此它在高校思政教育上拥有显著的推动作用。高校思政工作者可以选择一些引起社会关注的新闻，供学生参与讨论，通过分析讨论结果来引导学生的思想，帮助他们形成客观公正的思考方式。传统的思想政治教育方式主要倚重于直接交流、班级讨论和校园活动等，但这种单一的灌输式教育模式存在着一定的局限性。但是，微博的高效性和灵活性为高校学生提供了一个广泛的机会来进行网络学习。微博的信息资源丰富了思想政治教育的内容。此外，微博的平等交流打破了教育者高高在上的权威地位，使其进一步削弱。微博的有趣内容的引用，可以使思想政治教育更加生动有趣，打破学生对其的抵触情绪，从而有效提高高校思想政治教育的效果。

3.增强了学生思政教育的针对性和有效性

作为一个自由的网络社交平台，微博允许学生自由展示自己的情感，并发表对某个话题或事件的见解。高校教育工作者可以通过微博的关注功能，全面了解学生近期的思想动态，对他们出现的思想问题及时引导，修正他们的误区，及时纠正他们的错误观念。随着微时代的到来，教育工作者面临更高的挑战，需要紧跟时代步伐，不断加强自身素质和能力，改善教学模式。网络传播交流不仅支持同步互动，并且还支持异步互动。由于网络的出现，即使在空间距离很远的情况下，人们也可以进行实时的交互沟通，这种距离和时间的缩短可以说是无限接近于零。通过微博这样的平台，师生之间建立了一种平等的交流方式，这有助于加强教育工作者和学生之间的紧密联系，并提升彼此的亲近感和信任度。在微博上，许多人使用口语表述，简单易懂，没有严格的要求。这样做避免了传统政治教育时所形成的过于严肃的氛围。学生对于新事物充满好奇，微媒体可以激发他们的求知欲望，挖掘他们的探索精神，通过微博的信息搜索功能自主地查找所需信息，并参与微博上的热门话题讨论，以此使思想政治教育更具吸引力。并且，在微博的交流当中，人们还可以便捷地使用图片对自己的文字话语进行佐证，进而营造出轻松愉快的交流氛围，使得思想政治教育更加有趣生动，也能够充分激发学生的创造力与想象力。

（二）微博在高校思政教育中的应用策略

1. 加强微博思政教育队伍的建设

（1）倡导专家参与微博建设

微博刚刚开通时的更新速度很快，所涉及的内容也十分精彩，这吸引了很多学生的关注。然而，随着时间的流逝，学生会逐渐失去对高校微博的新奇感，微博更新频率也随着时间的推移而变慢，微博的教育效果也会逐渐减弱。为了保持高校微博的质量和加强其在思想政治教育方面的作用，教育工作者应积极维护微博，打造精品校园微博，以此作为教育的典范。高校可以通过奖励的方式，鼓励校内优秀个体在微博上展示个人的教育能力等方面的内容，并建立一套科学的评价体系与激励机制。评价标准可以基于点击量、内容质量等方面进行设置，旨在通过优秀微博的示范作用来提升高校教育性微博的质量和影响力，从而维持其在校园的热度。

就像微博可以为艺人提供更多的粉丝支持和为商人宣传产品一样，高校可以利用微博进一步加强对学生思想政治教育的工作。高校可以推出由作家、学者、名师和辅导员等组成的微博系列，从多个角度推广微博在学生群体中的影响力和曝光度，实现微博思想政治教育与传统思想政治教育的有机融合。

（2）提高思想政治教师的"微能力"

首先，作为思想政治教师，其责任重大，需要通过保持好奇心和持续学习，提升自身素质和能力，以便跟上时代的发展脚步，从而更好地引领学生养成正确的思想、行为和品德。现阶段的微博文化已悄然影响着学生的思想与行为,高校思政教育工作者应在微博文化的熏陶下履行教育使命。教师只有不断学习新事物,跟上时代的步伐,才能提高素质和技能水平。

其次,作为思想政治教育工作者,应该积极参与社会实践活动,关注社会发展变化,因为这些都可以成为丰富教材的来源,帮助学生更好地了解社会。这些素材不一定只存在于书本里,生活中的经历同样重要。微博话题的来源是生活,如果不关注社会现象和思考问题,那么思想政治教育就会变得没有意义也就没有了继续进行的动力。高校思想政治教育工作者应该不仅仅局限于学习微博的使用方法,而是需要更深入地理解微博文化,通过观察和思考,积极发现社会实践中的正面和负面微博话题,并且通过引导学生朝着正确的方向发展,深入了解微博文化。

2. 增强思政教育微博内容的吸引力

(1) 丰富思想政治教育的微博内容

首要的是,需要加强思想政治教育微博的引领作用,以推进指导思想的建设。高校可以在微博中引入马克思列宁主义、毛泽东思想、邓小平理论、"三个代表"重要思想、科学发展观和习近平新时代中国特色社会主义思想等主题,并将其与热点话题相结合,以此扩大微博教育内容,促进全面进步。同时,通过提炼民族和时代精神的核心要素,并以简要的形式呈现给学生,提高他们在思想政治学习上的效率。

其次,改进、完善并整合在微博平台上的思想政治教育内容。高校思政教育工作者需要对教育资料进行有规划的优化整合,对当前热门微博信息进行分类整理,结合图片或视频等多种形式,综合呈现包括理论、教师经验、趣味故事、新闻热点等内容的思政教育信息,以此提高高校微博教育内容的吸引力,吸引学生持续关注和积极参与,进一步实现学生思政教育目标的理论与实践相结合。

最终,创建特定类型的微博话题专区。高校可以分类针对微博教育平台的不同属性,设立不同的微博话题专栏,旨在吸引学生参与。专栏可以涵盖与学生生活、学习密切相关的话题,还有学生关注度较高的话题,并设置多个热点话题来促进学生参与话题讨论。同时,高校还应以思想政治为准则,给出客观评价。高校微博应当不仅仅致力于正能量的传递和宣发,还应当重点关注学生的身心健康。

（2）推进思想政治教育微博的话语转变

当代学生在微时代中能够得到更多的言论自由表达的机会，这符合学生个体的性格特征。现今的学生性格比较活泼开朗，不想过平凡的生活，也不喜欢被限制思想。同时，他们也比较情绪化，言行表达出的情绪比较明显。这些特点为学生思想教育带来了挑战，也对思想政治教育工作者提出了新要求。

第一，进行学生思想政治教育的工作必须与学生的实际生活紧密相关，注重考虑学生的现实情况和心理状况，并充分尊重学生的主体地位。在当下社会背景下，为了能够顺利地开展思想政治教育工作，教育工作者需了解学生在网络微博环境下的思想状况和身心特点。教育工作者也需要积极利用微博建立与学生之间的互动，主动学习并运用微博的术语，以拉近与学生的关系，使思想政治教育更具有大众性和亲民性等特征。

第二，教育工作者可以有所创意地运用微博语言。由于思政教育微博是一种双向互动的交流方式，而不单纯是信息的单方面传递，因此需要表达者用心讲述每个字、每句话，才能得到最诚挚的回应。反之，如果教育工作者使用过于正式、官方的语言，会与学生产生疏离感，从而削弱思想政治教育的效果。就比如某些当时热播的电视剧，吸引了众多学生观看，并在学生们的微博账户上引发了很多与该剧相关的讨论。如果高校思政教育者能够善于把握社会热点和学生关注的话题，并巧妙地利用微博这一沟通平台，用丰富的表达方式来改变传统思政教育在学生心中的固化形象，营造自由、轻松的交流环境，那么思政教育的效果就一定会得到进一步提升。

3. 搭建校园"微博矩阵"，创新管理模式

高校"微博矩阵"是指在大学的文化背景下，通过建立多个不同功能和定位的子微博来推广宣传，在满足不同用户需求的同时，有效地覆盖各个领域，促进与教职员工以及社会群体的良性互动和交流，在全方位塑造高校形象的同时，达到宣传和推广的最终目的。

学校应当建立一个微博矩阵，该矩阵应包含学校官方微博和主要负责人微博，同时各职能部门、二级学院和学生也应创建适合自己的微博，以形成一个自上而下的有序体系。这样的做法不仅能够有效解决单一管理的问题，而且可以加大学校的宣传力度。"这些微博之间相互关注、转发和评论，形成高校思想政治教育

微博系统，充分发挥其联动优势，使微博成为高校弘扬社会主义核心价值观、激发大学生爱国热情、共筑中国梦的新平台和新阵地。"[1] 另外，微博矩阵需要贴近实际、拓展影响、汇聚人气，依托校内组织、社团、班级等，并推出多元化的微空间信息板块，借助达人微博，营造一个思想碰撞的平台，同时构建学校教育的引领与服务学生的重要平台。除此之外，我们还应该尝试建立一种校内外通力合作的机制，让校内平台和校外网站可以深入交流，从而增强正面信息的动态立体传播效应。微博最显著的特性在于其具有实时性。当大学校园中出现紧急情况时，微博的网络矩阵可以在最短的时间内协助学校处理公关危机，这不仅成本较低，而且效率更高。

各大高校需跟上新媒体和社会舆论环境的步伐，建立创新的微博平台，打造多元化、立体化的微博矩阵，提升大学生思想政治教育的吸引力。

三、传媒载体——微信

（一）微信对高校思想政治教育的积极影响

1. 为大学生思政教育的生活化提供了契机

大学生日常接受思想政治教育，是高校进行思想政治教育的重要渠道之一，也是高校思想政治教育的重要组成部分。教育者应该深入了解大学生的日常生活，全面了解他们的思想和行为，引导他们建立积极健康的价值观和道德观。微信为大学生的思想政治教育提供了实现生活化的机遇。

微信让大学生更轻松地接触到与思想政治教育相关的内容，使其内容更生活化。现如今，微信已成为大多数学生获取新闻、文化教育等各类信息的主要渠道。大学生可以利用微信的开放性、共享性和裂变性传播的优势，获取最新最全的学习资源、国内外新闻、休闲娱乐等方面的信息，从而丰富思想政治教育的内容。教育工作者可以利用微信丰富的资源和内容，帮助学生了解时事热点和文化建设等方面的信息，扩展学生的视野。同样，他们还可以将微信中的道德观和法治观等内容融入大学生的生活，让学生在日常生活中受到教育和熏陶，以此提升自己的素养。

---

[1] 鲍中义，熊龙. 微博对大学生思想政治教育的影响及对策研究——基于问卷调查的分析[J]. 教育观察（上半月），2016，5（08）：22-24.

另外，微信为大学生提供了更加生动有趣的思想政治教育平台，使其更加生活化。目前，高校在开展思想政治教育方面，主要集中在教学课堂和校园文化活动平台，对大学生的生活领域疏于关注。通过使用微信平台来开展教育工作，可以让思想政治教育更好地贯穿大学生的日常生活和学习。通过微信平台，教育者能够更深入地了解学生的生活状况，包括兴趣爱好、行为习惯等方面的信息，并对学生的思想倾向进行分析，从而预测其未来的思想动向。此外，学生和老师还能够通过微信的朋友圈、微信群和公众号来互相交流，实现各种模式的交流和沟通，充分增强受教育者的认同感与参与程度。

2. 提高了大学生思政教育的实效性

高校的根本目的是促进大学生的全面发展，核心理念是以人为中心，致力于提高思想政治教育的针对性和实效性。微信的出现使得教育工作者更接近学生的学习和生活，也更能及时了解他们的思想动态，除此之外，还能有效地传递和反馈信息，这为教育工作者提供了一个机会，使他们能根据学生的实际需求有针对性地开展工作，从而提高大学生思想政治教育的实际效果。

使用微信可以实时了解学生的动态，从而提高思想政治教育的有效性。微信具有实时交流的特点，与微博、论坛等网络媒介相比，其更适合进行大学生思想政治教育工作，能够更加贴近生活并得到更加有效的传播。教育工作者可以利用微信平台及时获得教育材料，了解学生的思想状况和困扰，并认真进行解答，为大学生提供积极的思想引导和有效的心理辅导。此外，当遭遇较为严重的突发事件的时候，微信快速且方便的通信方式也有助于教育者在第一时间将积极健康的思想和全面准确的科学知识传达给学生，从而帮助他们提高能力和素质，加强思想政治教育的效果。

其次，借助微信可以顺畅地传播信息和收集反馈，提高思想政治教育的实际效果。微信平台能够提供有效的信息传播渠道，打破以往单一的自上而下传递方式，从而使得思想政治教育信息得以广泛传播和渗透，覆盖更广泛的受众群体。同时，教育者能够收集、分析、整理学生的网络舆情信息，并及时有效地处理校园突发事件。此外，他们还能够给予有学业困惑的学生耐心地辅导和建议，针对有特殊困难和需求的学生采取有效的措施，以及有针对性地为心理隐疾的学生提供帮助，从而提高思想政治教育的实效性和针对性。

3. 增强了思政教育的亲和力

微信的去权威性或去中心化是其重要特色之一，它指的是在微信信息传播过程中，每个人都拥有同样的发言权，这一特点使得微信传播的信息在一定程度上保证了真实性和独立性。在思想政治教育活动中，我们面向的是具有两种身份的同一群体。针对教育者的教育行动来说，教育对象展示了作为客体的自身特征。在实践思想政治教育内容的过程中，教育的对象是主体，他们能够自主体验教育者的实际行动和悟出其所表达的含义，然后依据自己的认知模式去解读、选择、吸收和体现思想政治教育内容，最终通过实践来体现思想政治教育内容所蕴含的行为规范。通过微信进行思想政治教育，思政工作者可以与受教育者相互交流和学习，让他们更积极地投入到思想政治教育中去，从而增强思想政治教育的亲和力。

（二）微信在高校思政教育中的实践

1. 帮助大学生树立正确的价值观念

微信的问世，为大学生带来了全新的生活方式。但同时，它也加速了不良信息在大学校园内的传播和蔓延。这在一定程度上导致了一些大学生的价值目标缺乏长期性，价值判断变得更为感性，价值选择更为功利化。这种趋势使得一些大学生的人生追求偏离了正轨，整个大学生群体的意识形态也经历了一定程度的变化。大学生需要形成正确的人生观、世界观、价值观，而众多的冲击则会让他们难以获得这些东西，这不仅对大学生个人的长期发展有不良影响，也会对国家和民族的发展产生较为严重的负面影响。当代社会为大学生的成长成才提供了更多的机遇，同时也影响着大学生的思想形成。作为高校和思想政治教育工作者，我们应该以马克思主义为指导，将正确的世界观、人生观、价值观、道德观和法治观作为主要内容，在教育全过程中始终贯彻社会主义核心价值观。以理论学习和实践体验为手段，辅助大学生构建准确的价值观念，建立高尚的理想信仰，深化思想道德修养的培养，提高对法律和社会道德的自律性，进而全面提升自身素养。

首先，通过创新思想政治理论课教育形式，提升思想导向的实际作用。为了应对新时期的挑战，高校教务部门和思想政治教育主管部门应该及时地对课程设置和教学大纲进行调整和修订，在保证"思想道德修养与法律基础"和"马克思主义基本原理"等课程的顺利开展的基础上，同样应该在"形势与政策"等课程中结合微信等新媒体对大学生思想的影响，创新性地提出相应的意识形态和道德观念方面的对策。同时，要积极探索教育题材，深入挖掘理论内涵，为广大学生提供正确的理论指导。高校应该组织一系列讲座，以专家报告会为主，探讨微信对大学生思想的挑战和机遇，同时强调思想理论和实践应用的相互关系。同时，我们可以提高大学生的思想敏感度，及时发现和消除不良信息和错误的价值观念，从而减少他们受到的负面影响。

其次，借助微信平台，推广主流价值观念和社会主义核心价值观念，以实现引导效果。作为一种即时通信工具，微信不仅可以被不良分子和非法分子用来传播不良信息，还可以被思想政治教育工作者用来传播主流价值观念。我们不能在网络娱乐上消磨时间，相反应该主动利用微信来传播并加强我们的价值观念。这是为了争取新的思想政治教育阵地而努力的内在要求。考虑到微信对大学生带来的重要影响，思想政治教育工作者应以科学发展观为指导，并随着时代变化适时改进工作方法，以适应新的情境。思政教育工作者要不畏惧困难，面对挑战，采用微信公众号进行信息开发、信息推送等手段，不断增加微信平台上积极正面、正确健康的主流思想和价值观念，以更生动的形式吸引大学生。此外，采用大学生喜闻乐见的方式开展工作，可以更轻松地得到大学生的认可和接受，从而拉近了与大学生的关系，进一步提高了高校思想政治教育工作的实际效果。

2. 完善高校媒介素养教育的内容

现代大学生具有鲜明的时代气息，他们有着独立思考的能力和渴望知识的热情，对于新事物充满探索欲望。因此，他们并非缺乏获取信息的能力，而是缺乏区分、分析、筛选等方面的媒介素养能力。在当前数字化时代，若没有辨别、分析和利用媒体信息的能力，就很难获取必需的资源并跟上社会的发展步伐。在微信普及的时代，高校应该开展针对媒介素养的教育，主要包括以下几个方面内容。

（1）培养大学生对媒介信息的识别和分辨能力

要提高大学生的媒介素养水平，就必须让他们学会识别媒介信息。在媒介信息传播模式中，媒介单位负责信息的筛选和过滤的工作，扮演着制造和推送信息的角色，同时也是管理媒介信息传播的主体。随着经济和社会的迅速发展，人们对精神文化的需求越来越高，这导致媒体机构在履行其"管理者"职责时，在很大程度上受到了娱乐化和商业利益等多种因素的影响。这些因素会影响媒体对信息的筛选和过滤，从而导致"管理者不管理"的问题出现。在当今信息大爆炸的社会中，我们不可避免地接触大量虚假和低质信息，而这些信息往往与社会客观事实和主流价值观念相悖，使得信息接收者感到困惑。这种信息环境对当代高校思想政治教育的正常开展造成了严重的阻碍。与传统媒介相比，微信作为一种极具开放性的新兴媒介，赋予每个人成为信息制造者、发布者和传播者的机会，导致虚假和低质量的信息存在，也使其传播的规模更加庞大。因此，大学应该从提升学生的信息鉴别能力开始，来培养他们的媒体素养。我们需要教育他们如何分辨和过滤媒体信息，以此来提高他们对媒体信息的认知和辨别能力。

（2）培养大学生对媒介信息的创造能力和传播能力

进一步强化对大学生媒介素养的教育，提高他们在现代媒体环境下的媒介素养能力，要求他们具备创造和传播信息的能力。只有能够准确、完整、恰当地表达和传播个人观点、想法、态度和感悟，才能被称为具备媒介素养的人，也就是能够掌控媒介信息的人。当代大学生在微信的平台上不再是被动地接收信息，而是可以通过微信的高度互动性和开放性，积极地创造和传播信息。微信给予大学生在媒介信息领域创作和传播的权利。作为大学生，如果想要扮演信息的创造者和传播者的角色，就必须学会如何利用微信这个平台来传递个人的思想、观点和想法等信息，并深入了解这些信息是如何通过微信来传播的。另外，大学生需要强化自身的社会责任感，严格遵守社会道德规范，在创作和传播信息时，要坚持健康、客观、正能量的原则，以此来净化微信平台的信息内容，促进社会主流意识形态的传播和推广。

3. 构建微信思政教育平台

（1）构建组织平台支撑体系

高校学生工作部（处）和校团委是高校进行大学生思想政治教育的主导机构。在利用微信进行大学生思想政治教育时，应该在学生工作部门作为核心的基础上，向下建立各基层学院学生工作办公室和班级的组织结构，建立以团委为中心，向下辐射到各基层学院的团委、学生组织和团支部的组织架构。微信组织机构的层级式结构，使信息能够沿着向下和向上的路径顺畅传递并获取反馈，有效提高思想政治工作的效率，保障思想政治教育的质量。在工作实践中，学生工作部与校团委通过对大学生进行条线式的管理，向他们提供高品质的学习和生活信息，发布正面能量的图文资讯，传承社会主义核心价值观念，以此来强化思想引导。借助向上反馈的管理方式，及时获取大学生的行为和思想变化的动态信息，深入了解思想政治教育内容的受欢迎程度和大学生的学习积极性，注重收集和分析各类信息，对相关数据进行分析与研究，建立反映大学生思想动态的可视化指标系统。

（2）构建功能平台支撑体系

微信的发展壮大已经有一种不可阻挡的趋势，对大学生的日常生活和学习产生了深远的影响。只有通过构建具备多功能定位的微信平台，采用更加符合大学生口味的方式发布高质量的信息，才能够更有效地利用新媒体开展思想政治教育工作，更加深入地融入学生群体。高校可以通过规范整合微信公众平台和微信群组来提高运营质量。

首先，要进一步促进平台的整合。为高校学生提供更好的服务，可以在微信上建立6个不同的平台，包括"学习平台""激励平台""管理平台""互动平台""主流价值观引导平台""危机管理平台"。在这一过程中，需要充分整合已有的平台。学校管理层和学生组织应该在学习类和学术类社团的基础上，创建一些学习平台的公共账号。例如，学习外语的平台、专业知识的学习平台、政治理论课的学习平台等。通过建立学习平台，可以培养广大大学生通过微信使用碎片时间进行学习的观念，减少在微信上娱乐的时间，同时还可以供思政理论课教师进行课堂教学以外的辅助学习，提高思政教育课的教育效果。学校应该设立一个大学生互动交流平台，在该平台上解答学生的心理问题，不断更新心理方面的文章，并为学生提供各种心理测评工具。为了培养大学生的思想道德素质，学校可以提供一些主流价值观念引导平台，例如开通"微信党校""微信团校"等公众账号，每日向学生推送国家时事政策以及关于社会主义核心价值观的解读等图文信息。这样的做法能够形成思想政治教育合力，进一步提高学生的思想道德素质。为了应对重大事件，学校需要设立危机管理平台，及时发布公共事件的情况通报，以最快的速度向学生传播官方权威信息，制止任何不实传言的传播，保障校园秩序的稳定。此外，对于已经创建的平台，应该在保留原有结构的基础上，充分加强其层次和思想政治教育的作用。为了有效进行思想政治教育，我们需要充分运用各方面的资源，积极搜集、积累各种各样的素材资料，并定期向大学生订阅用户发送信息，以培养其阅读习惯和规律，从而确保思想政治教育可以获得良好的效果。

其次，增强微信功能平台的信息质量水平。除了关注信息发布的数量，还需要将重点放在提供高质量的信息上，科学合理地构建各种功能平台。在内容发布方面，我们应该在加强主流价值观念宣传和思想引领的基础上，发布与大学生兴趣爱好相符的社会动态、经验分享和图片等内容。各团学组织应当在日常向学生通知工作安排的基础上，积极开展微信话题，关注当下热点，使微信内容更贴近生活，确保发布内容的规律性、活跃性和反馈信息的可参考性。同时，班级微信群也应该做到这一点。不同层次的平台应该加强对发布人员和内容的监管，以确保不良信息不会得到传播。如果出现不良信息，管理人员需要迅速采取措施并引导公众舆论方向。

第五章　新媒体时代高校思政教育模式的实践

本章介绍新媒体时代高校思政教育模式的实践，主要分为以下四部分：新媒体时代高校思政工作的内容结构优化、新媒体时代高校思政教育共享社区模式研究、新媒体时代高校思政网络意见领袖教育模式研究、新媒体时代高校思政矩阵教育模式研究。

第一节　新媒体时代高校思政工作的内容结构优化

新媒体时代背景下，信息的繁杂性、资源的开放性、交往方式的改变等特征交织于一起，高校思政传统教育内容已经难以满足时代需求，但这并不意味着需要完全摒弃，而是需要依据时代特征进行补充与重组。

一、新媒体时代高校思政教育内容结构优化的原则

（一）整体与局部统一的原则

思政教育自身就是一个繁杂的动态系统，涉及较多要素，这些要素之间相互作用的形式就是思政教育结构，当前"三要素论""四要素论"与"五要素论"是学界涉及的基本结构，其中"三要素论"主要包括教育者、教育氛围与受教育者，"四要素论"主要包括主体、环体、客体与介体，"五要素论"主要包括主体、目标、客体、方法与内容。虽然这些要素存在差异，但它们都具备一个共同特征，即各要素之间有着互动影响的关系，在此基础上促进整体系统统一性的形成，但在此系统中，还包含价值结构、方式结构、主体结构、评价结构、课题结构与内容结构等子系统。对于整体与局部关系而言，核心在于整体，但有时整体优化与

局部优化间不具备完全统一性，存在一定的失衡性与错乱性。所以，我们需要严格遵循整体性原理，改善整体的同时强化整体优化与局部优化的统一。新媒体时代背景下，高校思政教育内容结构的优化，同样需要遵循整体性原理，也就是说我们除了需要优化、整合各子系统内容结构，如思想教学、心理教学、政治教学、法制教学与道德教学等，还需要补充与健全所有子系统内容体系，更为重要的是需要把这些内容合理渗透于整个教学体系之中，全面实现教育价值。

（二）层次性与针对性相统一的原则

从高校思政教育实践工作角度来看，教学内容虽然取得了良好的成效，但也日益呈现出一些弊端，如泛政治化、泛统一标准化、泛信息化与泛理想化等，这无疑增加了教育质量提升的难度。其实，在高校思政教育创新中，层次性与针对性体现于多个方面，主要涉及教育对象、教育模式与教学内容等，尤为突出的是教育内容。思政教育内容不仅是历史产物，而且是高校不可或缺的内容，所以其具备一定的动态性。另外，层次性同样需要体现于思政工作的教育内容上：（1）每个群体都具备自身特殊性，面对这些存在差异的群体，思政教育内容需要有效融合广泛性与潮流性；（2）每个阶段都不是一成不变的，面对这些多样化的阶段，思政教育内容需要有效融合共时性与历时性，科学结合时代特点调整教育内容。

（三）提高要素质量与理顺要素关系相统一的原则

新媒体时代背景下，高校思政教育内容结构的优化，不能仅注重直接内容，还需要强化根本环节。从思政教育内容而言，所有内容要素都具备极为多彩的内在涵义，在系统结构中所有教育内容都需要具备一定的排列次序与地位。若各要素没有依据相应标准进行排列组合，那么功能便会截然不同；若各内容要素没有明确地位，主次不清，那么结构也会不科学。值得注意的是，即使明确了地位与主次，但若不注重部分教育内容，也会出现内容体系残缺、结构片面的现象，从而影响结构的科学性与有效性。例如，仅注重政治教育主导作用的关注与维护，会导致视野局限，思政教育内容简单，而不具备有效性。

（四）延续性与时代性相结合的原则

时代的快速发展、科学技术的广泛影响、社会文明的快速进步，在一定程度上对人的素养发展有了新的要求，高校思政教育内容结构需要紧随潮流，及时更新与发展。例如，第十八次全国人民代表大会提议的核心价值观，即主张富强、和睦与民主，主张平等、法制与自由，主张爱国、真诚与友爱等，高度凝聚了核心价值系统，使马克思主义价值观基本特质、精神传统与历史秉承、时代发展一致得以充分体现，不仅具备理论持续性，而且具备现实目的性。除此之外，思政教育的内容结构改善易受多种因素的约束与影响，主要涉及教育者自身发展阶段、社会氛围、师资团队等因素。思政教育内容结构改善离不开实践检验，且实践检验是最终环节，但这并不意味着受教育者是试验品，只有调节产生问题，那么一代人甚至是几代人的发展都深受影响，所以态度需要严谨，既不能夸大其词，也不能轻视实际、随声附和。

（五）时效性与可读性相结合的原则

新媒体时代背景下，高校思政教育需要充分了解高校学生感兴趣的话题，高度重视焦点问题与疑惑问题，在此基础上加以整理与释疑，并将其视作教育内容素材，深入挖掘其中涉及的思政教育内在涵义，以更好地帮助高校学生认识与处理思想认知问题。高校思政教育话语结构在新媒体时代发生了较大的改变，关于此点前面已重点论述过，这里便不再详细复述。语言的泛政治化，在一定程度上影响了高校学生思政教育内容的"点击率"，也就是说高校学生对思政教育内容的兴趣不高，以致很少会关注思政教育内容，这无疑导致思政教育与实际意义脱离。因此，我们需要想方设法促进高校学生思政教育内容可读性的提升，即充分了解地域特征、学校特色、学生特征，掌握新媒体时代下高校思政教育内容话语发生的改变，从而拓展内容领域，丰富内容表述方式与语言表达方式，使之更生动而具体。

二、新媒体时代高校思政教育内容结构优化的要求

新媒体时代背景下，高校思政教育内容结构改善不应该是完全否定传统的思想教育内容结构，提出新奇主张，而是应该在充分了解与掌握传统思想教育内容结构优缺点的基础上，依据时代特色继承传统，整合思政教育内容。新媒体时代背景下，高校思政教育受到了较多影响，应基于整体规范，结合原则改善思政教

育内容环节。"改"是一个循序渐进的过程，代表着创新方向；"善"则是定量表述，需要将思政教育任务与目标实现视作根本规范。因此，高校除了需要正确了解与掌握思政教育内容结构的层次性和完整性，还需要合理设定思政教育内容结构的改善要求，做到"三贴近"（贴近社会现实，贴近专业要求，贴近学生实际）。

（一）内容结构的层次方面

内容结构不仅具备整体性，而且具备层次性。结构层次性主要包含两方面，即横向结构与纵向结构，它们之间有着紧密联系，且相互促进。现阶段，对这两方面提出了新要求。

从横向结构角度而言，需要创新模式。新媒体时代背景下，高校思政教育内容作为有机整体，日益多角度化、多层次化与多类型化。横向结构指的是思政教育内容相同层次所有要素之间的拓展关系与相互作用。思政教育内容完整性主要体现于人和社会综合发展的联系上，在此联系过程中，政治教育对思政教育其他内容与性质、方向有着决定性作用与支配性作用。在思政教育内容体系的创建过程中，高校需要将思想教育内容横向联系视作出发点，基于主流形态的引导，从多方面关系上明确对受教育者的系列要求，主要涉及政治要求、心理要求、思想要求、道德要求与法纪要求等，从而强化类型相似教育内容的整合，处理现存的一些内容以及单一重复的问题。

从纵向结构角度而言，需要解决层次性与针对性欠缺的问题。层次代表着体系内部结构各个等级的领域，指的是体系要素之间合理融合的等级秩序，等级秩序又称次序。高校思政教育内容依据受教育者的学习能力、接受水平、角色层次等把思政教育合理区分成基础层次、较高层次及高层次，其中，基础层次教育内容主要涉及道德教育与心理教育，较高层次教育内容主要涉及思想教育，高层次教育内容主要涉及政治教育。这些层次的教育内容息息相关，并展现出由低至高的关系。为了满足新媒体信息海量多元特征的需求，组合理应遵循分层分级原则，所以高校除了需要强化社会价值观的传播，还需要积极学习与吸收国内外出色的思潮热点与文化思想，从而促使思政教育内容丰富化。

（二）内容结构的选择方面

现阶段，高校思政教育内容尚未完全有效融合理论性和实践性，在安排内容结构时，需要与实际贴近，否则会显得较为生硬，加之受传统政治环境的影响，所以高校思政教育难以与时俱进，而传统理论受限于陈旧的条条框框，难以融入新鲜事物与新活力，也难以使用大众感兴趣的语言进行表达，这无疑增加了受众认同的难度以及转化为行动力的难度。所以，高校思政教育内容结构需要将实际视作出发点，紧随时代潮流与高校学生步伐，了解与学习新思想，处理新问题，这样才能更加深入地内化思政内容，提升学生积极主动接受的成效。由此可见，现阶段在选择内容结构时需要避免出现教育内容过于抽象与僵化的现象，具体而言，优化高校思想政治教育的内容结构要做到"三贴近"。

1. 贴近社会现实

新媒体技术的快速发展推动了人类文化传播的转变，脱离了文化传播传统模式的束缚性，这些都与新媒体技术具备的自身优势息息相关，如容量较大、范围较广、自主选取性较高等，从而拓展了高校学生的选择机会。然而，高校思政教育的传统内容结构系统存在一定的局限，难以在短时间内适应社会经济发展需求，难以在短时间内引导学生认识与理解媒体上所接触的社会现实。此问题较为突出，所以面对这样的问题，我们需要在思政教育内容结构系统中，不断探索紧密联系现实的思政工作内容，这样才能最大限度地吸引高校学生的关注度，进而帮助他们树立良好的法制观、人生观、世界观、道德观与价值观等，正确看待现代化进程面临的所有社会问题，且可以结合实际，应用自身掌握的知识与具备的经验处理相应问题。

2. 贴近专业要求

培养高素质、高技能的专业人才是高等教育的重要目标，由于传统思政教育存在的不足，如泛知识化，同步相应智力教育，主要涉及思政教育、专业理论学习、专业技能培养，但随着就业压力的日益剧增，一些高校、学生与教师的价值指导融入了一定的功利性，没有将思政教育规划为高校高度重视的教育内容之中，从而影响了高校思政教育地位。在现实生活之中，道德不仅是人健全之本，而且是社会和睦之基。道德与生活紧密联系，无论是生活还是工作，都需要理解道德。所以，思政教育与专业教育不属于并列关系，而是互相融合的关系，高校学生政治教育内容也需要与学生专业选取、专业学习、素养提升紧密相连，积极寻找贴近学生专业的切入点。值得注意的是，培养有素质、有道德的学生，理应是专教育的前提，这一点需要得到高校的高度关注与重视，这样才能更好地为高校高素质、高技能人才培养奠定良好的基础。

3. 贴近学生实际需要

事实证明，人最为关切的在于实践活动与其实际利益，同时这也是人们最感兴趣的内容。新媒体时代背景下，高校学生将较为单一的信息获取途径转变为较为全面的信息获取途径，但无论什么教育内容，一旦与实际相脱离，受教育者便会出现不良情绪，甚至形成逆反心理。因此，高校思政教育内容不仅需要结合马克思主义理论、党的政策、党的方针与路线等，而且需要结合人文关怀，主要涉及道德文化、行为标准、民主意识、人文精神、社会焦点、科学精神与优质生活模式等，引导学生转被动接受为主动学习。为了在高校思政教育中融入新的活力，这就要求我们需要与时俱进，不断开阔教育视野，主动探索新问题、处理新问题，广泛吸收与应用相关的探索成果，如拓展创新教育思想、媒体素质与全球意识等内容，从而丰富学生的知识面，更加合理地教育与引导学生。

三、新媒体时代高校思想政治工作内容结构优化设计

针对新媒体时代背景下高校思政教育工作中不断出现的新问题和新状况，我们应在坚持理论与原则的指导作用下，主动对当前工作进行最大程度的调整、优化。

（一）在政治教育上要突出主导性教育内容

在我国高校思想政治教育的内容体系当中，政治占据了绝对的主导地位，决定了整个思政教育工作的发展方向，起着重要的支配作用。政治教育的内容主要涉及政治理想、方向、立场以及纪律等方面，其核心内容是解决学生对与社会制度、国家、阶级相关的重大问题的态度与立场问题。政治教育充分体现了高校思政教育的本质属性。一方面，政治教育受到党的政治发展路线的制约，另一方面，政治教育使得路线服务的政治特色更加鲜明。高校在开展思想政治教育工作时应始终贯穿政治教育思想，指导思政教育沿着正确的路径发展。当今社会，国内外形势日益复杂，高校应通过思想政治教育帮助学生树立牢固的政治观与思想价值观，不断增强他们的社会责任感与爱国主义情感。在对待诸如靠谁领导、如何发

展、树立什么样的旗帜等政治问题时，要始终坚持走中国特色社会主义的发展道路。新时期，我们应站在崭新的战略高度上引领我国的社会主义事业发展，坚定不移地实施"道路自信"。高校思政教育工作的开展应以坚实的理论基础、富有远见的政治底气以及丰富的实践经验来逐步引导当代大学生们正确认识中国特色社会主义，加快现代化社会的发展进程，提高人们的生活水平。

在多元文化的新媒体时代背景下，高校应始终坚持社会主义制度，遵循马克思主义和列宁主义思想的指导，维护"主流意识"的绝对权威性，防止其受到多元文化的影响。高校如果想以政治教育层面为突破口来对当前的思想政治教育工作进行创新，必须深入地贯彻落实全面协调可持续的科学发展，自觉把握"五位一体"（指经济建设、政治建设、文化建设、社会建设和生态文明建设五位一体）全面推进的整体布局，促进社会主义建设事业各个方面的相互协调与发展，加强中国特色社会主义的"三重自觉"，即理论自觉、制度自觉和道路自觉。

（二）在思想道德教育上要优化基础性内容

作为思政教育工作的根本内容，思想道德教育的主要内容是培养学生形成正确的世界观与方法论，重点在于解决一些主客观相符合的问题。一般情况下，高校的道德教育主要包括规范行为、内化道德、培养学生的道德情感等。高校应正确意识到优化思想道德教育内容结构的关键并不在于认知规范，而在于道德的内化和实践，学生要养成主动用道德规范来约束自身行为的良好品格，不断地提高自己的自律能力。

1.要突出社会主义核心价值观教育

社会主义核心价值观是指人们在社会主义体制下，对价值的性质、标准、构成以及评价所持的态度和看法，人们从主体需求角度出发，考虑客体是否能够满足主体的这种需求以及如何满足需求，并考察社会上各种物质、精神文化现象和主体的行为对无产阶级、个人、社会群体等产生的意义。新媒体背景下，高校必须从大学生思想状态的实际情况出发，坚持社会主义核心价值观，引导大学生们树立正确的思想价值观念，科学地指导其日常生活与学习。根据党的十八大会议精神，我们对现有的社会主义核心价值观体系进行浓缩升华，将以往稍显复杂的表述进行高度提炼与概括，分别从国家制度、社会集体以及公民个体三个层面对我国社会主义核心价值观体系建设工作的发展道路作出了明确的指示。因此，高校有必要及时转变传统的教育观念，牢固树立社会主义核心价值观的指导地位，积极探索创新先进的教学方式，做好大学生思想政治教育工作，全面践行道德规范，培养学生形成良好稳定的行为品格。

2. 要深化科学发展观教育

在大学生思想政治教育工作中，科学发展观是核心灵魂。在党的第十七次代表会议中，"科学发展观"被明确提出，它不仅集中体现了马克思主义的世界观与方法观，还与毛泽东思想、邓小平理论等先进思想一脉相承，对我国社会主义事业的发展起到重要的指导作用。科学发展观是我国想要建设特色社会主义事业必须时刻深入贯彻落实的重大战略指导方针，对社会经济的发展具有十分积极的促进意义。在如今新媒体时代背景下，我国社会主义事业的建设与发展正面临着重要的转折期，高校若想解放思政教育工作，须高度重视科学发展观，并将其贯穿落实到各项教学工作当中，以顺应时代发展的客观要求。

3. 要加强公民道德教育

高校应重视道德教育，这是提高大学生综合素质的一项非常关键的基础性工程。在当前社会背景下，高校应从历史发展的客观规律和实际情况出发开展道德教育。此外，还应当遵循爱人民、爱国、爱党、爱劳动等基本要求，时刻牢记为人民服务的根本宗旨，以职业道德、社会公德及家庭美德等为出发点，坚持集体主义原则。在《公民道德建设实施纲要》中明确指出，作为中华人民共和国的一名合法公民，应时刻将爱国守法、团结友善、明礼诚信、敬业奉献、勤俭自强作为自己日常工作学习中的基本行为规范，落实到公众生活的各个领域当中。该要求既富有强烈的时代气息，又充分彰显出了各个民族的鲜明特色。新媒体环境下，高校应加强大学生的公民道德教育，培养他们形成尊老爱幼、爱岗敬业、见义勇为的崇高道德品质，从而将社会主义精神发扬光大。除此之外，高校还应当让学生接受社会主义荣辱观的教育，帮助大学生明辨是非，正确划分善恶美丑之间的界线，形成拥有独立思想原则的良好品格。

4. 要进行心理教育

目前，高校心理教育工作的内容主要涉及对大学生的心理健康进行知识性教育，提供咨询服务以及行为训练等，主要目的是提高当代大学生的心理素质水平，增强他们的个人意志，使其养成艰苦奋斗、坚韧不拔的良好品质，不断促进大学生综合素质的全面发展，从而能够更好更快地适应社会生活。在当前的教学形式背景下，高校将心理健康教育纳入思政教育工作当中，是顺应社会发展的必然要求。就目前而言，高校在开展心理健康教育时应将重点放在指导学生的心理健康和提高他们的心理素质水平上，使其形成健全良好的人格与乐观坚强的心态，以适应当今社会的激烈竞争。

5. 要开展职业素质教育

职业素质教育是大学生思政教育内容的拓展延伸，在高等教育改革中占据了非常重要的地位。在当前素质教育背景下，高校应以职业教育为切入点，将其纳入大学生思政教育工作体系当中，不断促进高等教育的深化改革。同时，通过建立这种长效育人机制，完善相关的组织培训与保障体系，在社会实践和勤工助学、创业、就业、学习等方面构建一种联合机制，充分挖掘第二课堂、实践活动等传统教学项目的内涵价值。对于高校而言，要想培养出符合社会经济发展要求的创新型人才，应积极探索创新实践形式，组织学生参加志愿服务、社会调查、科技发明等各种实践活动，以增强他们的职业素质为根本目的，提高思想政治教育工作的实效性。

（三）在文化素质教育上要注重人文素质建设

21世纪是信息化社会，随着科学技术的快速发展，大量的新媒体技术开始涌现出来，时代发展开始趋于快餐化，这也使得传统的伦理道德观念受到巨大的挑战。从文化角度来看，在目前世界多元文化的新媒体时代背景下，各国的传统文化都受到了不同程度的冲击，甚至有的已经影响到素质教育的根基。历史虽然由人类创造，但并非在随心所欲状态下形成的，而是需要在一定的客观条件下才能被创造，并且这种条件是不能被人为选定的，只有当人们直接碰到这些已经确定的条件时，才能创造历史。这给大学生思政教育工作带来的启发是，高校应对当前新媒体时代背景下的思政教育工作内容进行优化，大力弘扬中国传统的优秀文化，同时也要积极吸取国外思想道德教育的经验成果，赋予其新媒体时代的内涵，使思想政治教育工作与时代接轨，全面提高当代大学生的综合素质水平，继承并发扬中华民族精神。

1.传承并弘扬中华民族优良思想道德教育传统

（1）生态道德教育

中国古代学者将"天""地""人"看作是一个统一的整体，突出强调了"天人合一"这一概念。作为我国最古老的哲学命题之一，"天人合一"的核心思想在"天道"与"人道"以及"自然"与"人为"之间是互通的。早在战国时期，孟子就曾提出过，人与天是相通的，人只要拥有足够的天赋秉性，便能知晓天意。到后来庄子认为，人与天本来就是一体的，之所以会形成分裂的状态是因为人类个体的主观意志打破了这种统一，人类要做的就是努力消除人与天之间的差异，实现"天人合一"的理想状态。在此之后，中国历代不乏一些优秀的哲学家与思想家，从多个角度对"天人合一"这一思想进行补充完善，致力于探索实现天人相通的具体路径，促进两者之间的协调统一。"天人合一"这一古老哲学概念对当今我们加强大学生的生态道德教育工作具有十分重要的启发意义。

生态教育是一种全新的教育理念，在高校的思想政治教育工作中有着显著的应用成果，备受教育工作者们的青睐。在生态教育理念指导下，高校教育工作者在开展思政教育时应当从人与自然、人与人以及人与社会等角度出发进行考虑，逐步引导大学生树立正确的思想观念，使其更好地在当今社会生存发展下去。在新媒体时代背景下，大学生要学会处理好社会各个领域中人与人、人与集体之间的关系，根据社会和集体的实际需求来改变自己的个人行为，形成一种相互依存、互相尊重的和谐生态环境，从而促进我国社会经济的快速发展。

在自然领域中，高校教育者要对社会领域中形成的道德规范与原则进行拓展，控制人类个体对自然的行为，降低盲目性，进而构建出一个人与自然和谐相处、相互促进的人文生态环境，让大学生在人与自然的双生态环境中充分感受到保护环境、珍惜资源的重要性，并自觉养成良好的行为习惯，不断提高个人的道德素质水平。因此，在大学生思想政治教育工作中融入生态教育，不仅是拓宽思政教育内容，优化教学内容结构的需要，同时也是新媒体时代背景下高校思政教育在价值取向以及道德层面上的一种突破。

（2）人伦自觉意识教育

所谓的人伦自觉是指个体在对人伦关系认知的基础上，能够自觉地体现出对他人应有的回应、责任及义务等，同时也能够充分尊重、理解、关爱他人，追求与社会中的其他个体融为一体,形成一个被社会所认可的更大的动态范畴。在如今新媒体时代,社会发展依托于网络技术、数字技术和移动技术等而得以前行,生活在这样一种环境背景下的人们必然会不断地在现实与虚拟之间游走,世界观与人际交往关系等都受到不同程度的冲击。基于现实社会与虚拟社会之间复杂的人际关系,高校急需对大学生的人伦自觉加以引导,以适应社会发展需要。大学生道德伦理教育存在于思政教育的每一个环节当中,具体包括处理好个人与他人、集体、社会、国家之间的关系,尤其是在新媒体时代,高校在建构思政教育内容体系时既要继承中国传统道德内核,活化德育资源,塑造鲜明的民族价值观取向,同时也要结合时代的发展精神,不断提高大学生的道德水平与责任意识,充分调动思政教育工作者和大学生主动参与教学活动的积极性,不断强化人伦自觉意识的教育。

(3)心灵和谐教育

"心灵"最早见于我国古代的《隋书·经籍志》。古代人非常重视"心"的地位,认为"心"是人身体上重要的思维器官,因而将人类的情感与思想等都称之为"心"。从生理角度来看,心与人类的思维活动之间存在着密切的联系。关于和谐的定义,从古代一些文学传记中我们不难了解到,古人认为,"和谐"指社会生态系统内各个要素之间彼此顺和流畅、没有冲突纠纷,呈现出一副秩序井然的状态。而人类置身于这个大环境中,在与外界交往过程中与物质世界形成矛盾关系,这种矛盾往往被认为是人与他人、人与社会、人与自然间的一种特殊关系,在矛盾形成与发展的过程中,个体心智能够得到很大程度的磨炼,从而逐渐形成健全的人格。

当代社会,心灵和谐指向的是一种价值观的终极关怀,代表了一种崇高的精神境界,这也是我们提倡素质教育的最终目标,在新媒体时代背景下,高校应更为关注大学生的心理健康,重视心灵和谐教育。对于大学生而言,接受心灵和谐教育的最终目的在于:①净化心灵,选择科学的信仰并树立正确的价值观念和生活态度,实现内心的和谐;②强化责任意识,养成诚实守信的美好品质,对于不同的观点态度应持包容态度,学会克制自我,为他人作出贡献;③不断加强自我修养,培养温和、忠诚、友爱的思想价值观念,适应社会的实际发展需求;④通过自我塑造,修身养性,在日常学习生活中主动关注生命,践行思想道德教育的重要内容,从而达到内心世界与现实社会两者之间的协调统一。简言之,心灵和谐教育能够令大学生从当前新媒体时代多元化的视角,正确把握社会主义核心价值观念,努力追求真、善、美、实,实现心灵上的和谐。

2.积极借鉴国外先进经验

在目前国外已有的研究文献中,并没有明确提出"思想政治教育"这一词,但是却有着很多相关的概念研究,如"道德教育""公民教育""精神教育""宗教教育"等。由此可见,国外的教育学者们主要是采取上述几种教育形式来对学生的思想政治状态进行正确的教育与引导的。作为在当今社会普遍存在的教育活动,思想政治教育有着极为重要的意义。从国外的教学实践当中,我们能汲取很多有价值的教学信息,并将其应用到我国高校的思政教育工作当中。例如,古希腊学者们认为,人类思想品德主要由四个要素组成,分别是勇敢、正义、智慧和节制,在此构想的基础上,科尔伯格、皮亚杰又提出了道德发展理论,这些都对我国高校思政教育活动的顺利开展起到了重要的推动意义,值得教育者们在今后的教育工作过程中加以借鉴和利用。

目前国外很多国家都将爱国教育、精神教育、法制教育和价值观教育等作为对大学生进行思想政治教育的主要内容。例如,美国是一个移民国家,但却十分重视爱国主义教育,并将其渗透到中小学的一切教学形式当中,国歌、国旗、总统画像等在美国学生的日常生活中几乎随处可见。除此之外,美国政府还投入大量资金修建了白宫、航天博物馆、国会大厦等标志性建筑物,将其作为开展思想政治教育的重要场所。对于美国人的教育者们来说,思政教育工作的主要目的是提高群众的凝聚力,规范法律行径,形成一种社会监督机制,进而推动教育领域的改革与发展。在新加坡,小学教育阶段就设有"公民课",体现了新加坡教育者们从小就开始重视思想政治教育工作,致力于培养学生的公民意识。为了促进思政教育事业更好地发展,新加坡政府还出台了《共同价值观白皮书》,明确提出了能够被各民族人民共同接受的价值观理念。

当代社会,新媒体技术快速发展,国外的思想政治领域也发生了一系列重要变革,并取得了丰硕的成果,成为人类共同拥有的精神财富。在此背景下,我国高校在建构思政教育内容结构时应始终坚持开放性的原则,面向全世界,汲取优秀的思想道德教育经验,结合中国实情开展相应的教学活动,提高高校的教学质量水平。

（四）在媒体素养教育上要拓展教育内容结构

新媒体时代下，高校要想对思政教育内容进行优化，加强学生的媒体素养教育是关键。新媒体技术凭借其强大影响力逐渐改变了人们的日常生活方式，并且对现代社会价值观理念体系的塑造同样也起到了重要的推动作用。可以说，当今社会，加强大学生的媒体素养教育，不仅仅是为了强化他们的知识教育，更多的是强调思维方法，这是现代公民所必须具备的一项基本素质。

目前，高校在思政教育工作内容构建的过程中融入媒体素养教育，这是新媒体时代背景下，培养大学生适应社会发展要求的必然要求。大学生群体是我国网络用户的主力军，然而由于受到社会阅历、情感特征以及知识结构等多方面因素的限制，导致他们对于网络信息的辨别能力较差，在解读信息时容易出现偏差，产生误解，进而受到一些不良信息的影响，动摇原本的思想价值观念。高校在针对大学生开展媒体素养教育时，应注重引导他们正确地理解传媒的相关概念，有建设性地使用媒体传播资源，培养他们对优质媒介的批判与解读能力，从而使其能够在多元化媒体环境下，合理利用媒体资源促进自我完善，并积极参与到社会的发展中。在内容结构方面，教育者应重点突出以下三个方面：（1）透过媒介解读教育。教师在教学过程中可以对一些典型案例进行深度剖析，帮助大学生更好地分辨网络上错综复杂的信息，正确辨别现实社会与虚拟社会，约束个人行为，不盲目地传播一些未经证实或消极有害的信息。（2）加强法律素养教育。教育者要强化大学生的法律意识，增加他们的法律常识，引导他们主动传播积极正面的信息。（3）加强伦理教育。高校教育工作者应扮演好人生导师的角色，努力净化网络环境，担负起引导大学生成人成才的重任。

第二节　新媒体时代高校思政教育共享社区模式研究

新媒体时代高校思想政治教育目标的实现，需要以"共享"为基本方式，以"社区"为共同体，这种"共享社区"是新媒体时代高校的一种道德文化圈，是实现高校思想政治教育的新模式。构建这样一种新模式，不仅是适应新媒体时代的客观要求，也是新媒体时代高校思想政治教育创新的必然。

一、社区与共享社区概述

（一）社区的含义

社区是一个"微型的社会"。社会学家常常将其作为研究整体社会的起点，实地研究也往往以社区为单位来进行。因此，"社区"就成为社会学的基本概念之一，社区研究及其理论便成为社会学的重要内容。"社区"是社会学的基本概念之一。从词源上来说，"社区"一词源于英文单词"community"，大意为共同体和亲密的伙伴关系。一般认为，"社区"这个概念是由德国社会学家斐迪南·滕尼斯（Ferdinand Tunnies）最早提出来的，他在1887年出版了一本德语著作 *Gemeinschaft and Cesellschaft*，英文名译为 *Community and Society*。

"社区"这一中文表达，则是20世纪30年代初以费孝通为首的一批燕京大学社会学系的学生根据滕尼斯的原意首创的。此后，他们在吴文藻先生的指导下，与其他学者一起致力于我国本土的社区研究，创立了社区研究的中国学派，确立了社区研究在中国社会学的重要地位。

滕尼斯尽管最早提出了社区与社会的划分，但并未对社区下过完整的定义。在《社区与社会》（又译为《共同体与社会》）一书中，滕尼斯区分了人类集体生活的两种基本形式，即社区与社会。同时他认为："社区内的社会关系是紧密的、合作的和富有人情味的，货物的交换是以相互关联和以物易物为基础的，人们更加关心集团整体的利益。而在社会内，人们更加关心自身的利益，货物只是被买进或被卖出，正式的契约主宰着经济交换，社会关系是非人情化和独立的。"[1]

通过对众多社区定义的分析，我们发现至少有一点是大家都公认的，就是社区是由人所组成的。在140多个定义中，有相当一部分涉及三个因素，即地域、共同联系和社会互动。参考西方社会学家对社区所下的种种定义，再结合中国的社会现实，这里我们给社区下一个相对宽泛的定义：社区是由一定的人口所组成的地域性的共同体。

在新媒体时代，人们结缘于电脑空间，并且逐渐创造出一种全新的生活方式。在整个地球的社交圈子中，人们根据兴趣、爱好、能力等形成不同的身份群体，完全不受地域的束缚。人们的社会互动方式也发生了变化，面对面的沟通减少，

---

[1] 程玉申.中国城市社区发展研究[M].上海：华东师范大学出版社，2002.

人际沟通间接化。人们通过电子邮递、网络来交流思想、观点和传递感情，可以说，网络已成为当今社会人们之间联系的纽带，为人们提供了某种感情上的寄托与认同，由这种具有共同爱好、兴趣的人群所组成的虚拟社区逐渐取代了传统的地域社区。对这种新的社区类型的研究已经引起了学者们的广泛关注。

（二）共享社区简述

1. 共享社区的定义

共享社区是一个基于信息技术支持的社区，核心是参与者之间的互动以及由此形成的一种社会关系。它主要包括以下几个方面的含义。

（1）共享社区存在于网络空间中，这使得共享社区和传统社区区别开来；

（2）共享社区需要技术的支持；

（3）共享社区中讨论的内容或话题产生于社区参与者之间的互动；

（4）通过一段时间的群体交流，最终会形成一种社会人际关系。

2. 共享社区的特点

（1）虚拟网络方面的特征

①虚拟性

社区空间是虚拟的网络空间，而不是实际的物理空间，成员借助网络和信息技术可以实现跨越时间和空间的交流互动，而不是面对面的交流。共享社区中成员的身份往往并非真实的，而是虚拟的。虽然有一些实名制的共享社区存在，但其属于以建立和维护人际关系为主要活动内容的共享社区，而这里主要研究的是以网络共享交流为主要活动内容的共享社区，因此基本上是非实名制的。

②自主开放性

共享社区是人们在兴趣或需求的驱动下自发形成的，共享社区对每个人都是开放的，不论参与者和其中的成员是否曾相识，社区成员的参与和离开都是自愿的，不受传统的组织约束或外部强迫，同时共享社区的建设和管理也主要依靠社区成员的自治。这样的共享社区成员流动性就比较大，而不像现实社区成员那样比较固定。

③交流互动性

推动共享社区发展的是社区成员不断互动交流并提供信息和知识，而非共享社区经营者的资金投入和网站建设者的技术支持。这一点可以将共享社区和在线信息提供网站区分开来。频繁互动交流是共享社区生命和活力的体现，丰富的知识内容、开放的互动交流环境是共享社区吸引成员的关键。通过一段时间的互动交流，最终共享社区成员间会形成一种社会人际关系，增强了社区成员对社区的归属感，提高了社区成员对社区的忠诚度，从而使共享社区拥有一群相对稳定的使用者。

（2）网络共享方面的特征

①知识共享

这里所说的知识，既包括自然科学知识，也包括社会科学知识。作为思想政治教育共享社区，其所要共享的更多的应当是思想道德方面的知识，如大学生所必须遵从的基本道德规范、政治制度等。此外，还应包括思想道德修养以及个人品质提升的方法的传授。也就是说，在思想政治教育过程中，每个主体都可能会转化为教育者，告诉他人自己是通过何种途径、方式和方法形成某种良好品质的。这种共享不仅对他人有直接的指导作用，而且具有重要的示范和激励作用。

②生活共享

这里所说的生活，应当包括生活经历、生活体验等方面。现代生活节奏加快，竞争激烈，人们的精神生活相对贫乏，人们有着分享体验、经历、情感的强烈愿望。共享社区为当代大学生提供了一种描述体验和分享体验的场所，他们可以在这里相互倾诉、交流，在彼此体验和情感的共享中感受人生。

③资源共享

在高校思想政治教育长期的实践中，教育资源的利用实际上存在着三种状况：即"先有再用""先用再有"和"只有不用"。在新媒体时代，社会信息传递正由历时传递转向共时传递，思想政治教育工作者已经失去了获得信息资源的优先权与垄断权，资源的开放性、交互性已成为时代的一个显著特征。共享社区改变了思想政治教育资源管理的封闭局面，通过新媒体载体的多样化，利用主体的范围拓展，充分实现了思想政治教育资源的应有价值。在共享社区里，书本、报纸杂志、师生课堂讲述与对话、日常交往行为过程、网上教育资源、教师与学生的微博等等都成了开放性的资源，以供受教育者利用或借鉴。共享资源的开发利用，使得高校思想政治教育目的和目标实现的各种要素，都被视为思想政治教育资源的重要组成部分。

④过程共享

在思想政治教育问题上，每个学生都是主体，每个学生都有关于接受思想政治教育的体验、情感、认知、行为等，只要这些体验、情感、认知、行为能够达到内容上相契合、心理上相悦纳，思想政治教育就可以真正成为共享的过程，这种共享也会极大地促进思想政治教育效果的提升。

二、共享社区对高校思政教育的积极意义

（一）为思政教育突破了时空限制

思想政治教育本身是一种过程性的教育，这种过程性不仅仅体现在课堂教学中，一首积极健康的歌、一幅唯美的图画、一句扣动心弦的话语、一则动人的故事、一个崇高的榜样也体现着思想政治教育的过程。这些信息来自不经意的鲜活的生活体验，都可能会产生一种真善美的感染力。当前，受传统大学教育学科体系的影响，我国大学生的课程学习、社会交往及活动范围绝大多数有着一定的时间和地域限制，其形式还是以课堂教育为主，课堂教学以师生时间与空间上的在场为前提。这种主要以文本知识和教育者单向传输为主的思想政治教育，师生的在场本身是一个客观事实，这样一个事实性条件如何运用，将决定课堂教学能否发挥应有的育人价值。对在场性的苛刻要求，实际上是为思想政治教育者和受教育者画了一个圈，很多进行思想政治教育的契机往往就是这样失去的。新媒体依托数字技术、计算机网络技术和移动通信技术而形成了巨大的共享社区，教育信息传播即时、开放，较之以往任何一种传播技术和交流工具，都有根本性的跨越，这为突破时空限制的校外教育提供了可能。

（二）能提高思政教育学习者的主体性

一个人能进入更多的社区，就有更多的选择，就能过上完整而有趣的生活。共享社区，可以增强思想政治教育主体的自由选择权，在一定程度上将调动他们的主观能动性。从学习者的角度来说，学习者知识技能的获得，必须通过群体才能得以实现。学习是与群体或者环境相互合作与互动的过程，个体与特定的社会团体之间的相互作用是学习途径和方法的核心所在。个体在学习过程中，通过直

接或间接的方式学习或者传递共同体经验与社会规范，从而不断地增强意志品质，提高实践能力，塑造自己在学习共同体中的身份与关系。

（三）能增强学生对文化的鉴别能力

当代大学生面临着多元文化的选择。文化选择的正确与否，不仅关系着大学生思想政治素养的提升，也关系到大学生人生道路的选择。要使文化选择有利于大学生的健康成长，就必须引导他们不断增强文化的鉴别能力。在思想政治教育共享社区里，呈现给大学生的是思想文化盛宴，他们有机会接触到外校优秀教师上的精品课，体会到不同大学的人文特色，感受到不同文化之间的碰撞。这为全面提升学生的科学、人文素养和文化品位，开阔大学生社会人生视野提供了可能。

三、高校思政教育中社会型共享社区的教育策略

（一）促进形成良好的群体环境

高校要引导大学生适度使用社会型共享社区，以积极、主动的方式参与虚拟人际活动，并且为自己现实生活中的人际活动预留一定的时间和精力。同时，促进社会型共享社区朋辈群体环境形成，通过朋辈群体之间的相互交流，减少学生对正面思想政治教育的抵触情绪和防范心理，积极引导青年学生正确看待共享社区的利弊。共享社区的出现尽管在一定意义上扩大了青年朋辈交际圈，受到了青年学生的追捧，但正如同其他新兴网络媒介一样，校园共享社区也有自己兴衰的生命周期，随着时间的流逝，审美疲劳有可能使青年学生的关注热点再度转移到其他事物上去。网络中的社会交往行为毕竟是以电脑和网络这一物理介质为中介的，根据社会心理学的观点，这种交往方式具有"局部性（如不会有肢体的接触）"的特点，与面对面的交流存在结构性差异，缺少了"身体可接近性"等情境因素，致使声音、表情、动作、眼神、距离等以及更能表达情感的因素难以发挥作用，有可能导致内向的人更加陷入网络依赖，难以提高现实交往能力。另外，过度以符号为中介的间接交往会使人产生新的孤独感，也有可能造成新一代孤独人群。因此，对于青年人的健康成长来说，校园共享社区交往只是在时空上实现了对现实人际交往的补充，更重要的还是要回到现实生活中来，通过现实生活中的人际交往获得自身成长所需要的社会性支持。

（二）共同开展线上线下教育

利用社会型共享社区进行网上教育十分重要，但是现实中的思想政治教育也必不可少。网上教育并不是思想政治教育的全部，网上教育亦有其局限性，网下教育依然是教师们进行思想政治教育的有效途径和不可或缺的重要方式，依然起着基础性作用。要加强大学生网络道德伦理教育、网络法律法规教育和网络心理教育，需要将网上工作和网下教育紧密结合，形成优势互补，两手都要抓，两手都要硬。只有实现二者的有机结合，思想政治教育才可能显示出强大的生命力。

应该将服务青年成长与引领青年思想相结合，以社会主义核心价值观为引领，引导青年网络文化向着健康、积极、向上、和谐的方向发展，营造和谐的网络文化氛围。同时，高校要加强学生网络评论员、引导员制度建设，对校园网进行实时监控，避免错误舆论和不良思想借用校园网的人际网络蔓延、传播，使文化育人的工作在网络社会中得以延伸，并成为现实生活中各项育人工作的有益补充。另外，利用校园共享社区开展校友联络工作，挖掘校友资源在学校育人工作中的作用，亦是高校可以尝试的思路。

（三）加强人才建设

社会型共享社区的快速发展，要求高校思想政治教育者不仅要掌握先进的理论，熟悉思想政治工作业务，同时还必须掌握先进的科学技术和管理办法，熟悉网络技术，树立依靠科技增强思想政治教育工作生命力的新观念，要密切关注和研究互联网发展的新动向，抓紧学习网络知识，善于利用网络开展思想政治教育工作。此外，要培养一支既具有较高的思想政治理论水平，熟悉思想政治教育工作规律，又能较好地掌握网络技术，熟悉网络文化特点，能够在网络上进行思想政治教育工作的队伍，及时解决网络教育建设和传播中的问题。

共享社区自组织在发展青年兴趣爱好，满足青年交往归属需要方面越来越发挥着重要作用，这给网络时代的青年学生工作带来了新的机遇和挑战。思想政治教育工作者要主动加强对网络舆情掌控引导、网络科学技术、网络青年心理和行为特点等方面知识的学习，尝试以青年人喜闻乐见、易于接受的方式开展工作，青年在哪里，共青团组织就要覆盖到哪里，根据青年学生喜欢的沟通、交流、聚集方式来探索新的团组织建设模式，青年学生喜欢聚集在网络上，就积极在网络上建团。只有这样,才能更加贴近学生、贴近生活、贴近实际,才能受到青年学生的喜欢,从而不断增强团组织的凝聚力和向心力,真正取得工作实效。

四、新媒体时代共享社区模式在高校思政教育中的运行策略

(一)高校思政教育共享社区的运行机制

"机制"又称机理,原指机器的构造、各零部件的功能特性以及运转过程中基于一定机械原理的工作方式。后来,用于生理机制、病理机制等概念,表征生命有机体内部生理或病理变化过程中各器官的功能特性以及相互关联、作用和调节方式。"机制"一词,现已广泛应用于自然科学和社会科学的各学科研究之中。在自然科学领域,一般用"机制"表示研究对象各组成部分的有机关联性和运转原理。在社会科学领域,既可以用"机制"表示社会组织的内部构成、运动过程和运转原理,又可以用"机制"表示社会政治、经济、文化等活动中的各组成要素之间相互联系以及由此规定的作用原理和工作方式。高校思想政治教育共享社区的运行机制,是由领导机制、教育机制、预警机制、调控机制、保障机制、激励机制、约束机制等组成的,当前要着力抓好以下四个机制的建设。

1. 领导机制

领导机制,是高校思想政治教育共享社区模式运行机制的关键性环节。中共中央对高校学生思想政治教育工作的领导机制提出了明确要求,要求高校党委加强对高校学生思想政治教育工作的领导,校长对学生的德智体全面发展负责,建立和完善以校长及行政系统为主的思想政治教育管理机制。而在实际工作中,真正建立起这种健全的领导管理机制的高校并不多,只有党委在管理学生思想政治教育工作并组织实施。这种机制使思想政治教育工作与其他工作形成了两条平行线,并相互独立,难以渗透融合,难以做到把思想政治教育贯穿于教育的全过程,并落实在教学、管理、后勤服务的各个环节。新媒体时代,要想充分发挥思想政治共享社区模式的整体效能,就必须创新高校思想政治教育领导机制,真正形成党、政、工、团、学分工负责,齐抓共管的思想政治教育工作格局。

(1)优化组织结构,建设高素质的干部队伍

高校思想政治教育工作队伍是加强和改进大学生思想政治教育的组织保证。

一支精干、高素质的高校大学生思想政治工作队伍，是保证思想政治教育共享社区模式运行机制正常运转的不可缺少的重要力量。目前，尤其要抓好三支队伍建设：一是建设好一支稳定的党务干部队伍；二是建设好一支政治信念坚定、业务能力强的思想政治理论课教师队伍；三是从改善结构、提高素质入手，抓好以党员为核心的学生骨干队伍建设。面对复杂多变的网络社会，许多高校思想政治教育工作者由于工作繁重，理论知识的更新受到较大的影响。部分教育者知识陈旧、科研信息滞后，不能掌握最新的政治理论成果；相当多的教育者对新媒体技术所知甚少，甚至赶不上学生对新媒体技术的掌握；很多教育者对新媒体时代思想政治工作的特点也了解不多。这些情况必然会影响到思想政治教育共享社区模式的运行。因此，在思想政治教育过程中，高校要建立一种对教育者实施继续教育的机制，从而使思想政治教育工作者始终走在思想政治工作的前列。同时按照政治强、业务精、纪律严、作风正的要求，坚持专兼结合的原则，建立思想政治教育人才培养基地，积极选拔推荐一批思想政治教育相关专业的硕士、博士人才，学成后专职从事思想政治教育工作。

（2）加强部门之间的协调联动

实现部门之间的协调联动，关键在于党政配合。高校党政领导应经常分析新媒体时代大学生思想状况和思想政治教育工作状况，制订思想政治教育的总体规划，对高校思想政治教育作出全面部署和安排；学校各部门应制定、完善有关规定和政策，明确职责任务和考核办法，真正形成"教书育人、管理育人、服务育人"的良好氛围和工作格局；任课教师要提高师德和业务水平，爱岗敬业，教书育人，为人师表，以良好的思想政治素质和道德风范影响和教育学生；学校管理部门要体现育人导向，把严格日常管理与引导大学生遵纪守法、养成良好习惯结合起来；后勤服务人员要努力搞好后勤保障，为大学生办实事、办好事，使大学生在优质服务中受到教育。只有各部门密切协作，认真履行各自的职责，才能把加强和改进大学生思想政治教育的各项任务真正落到实处。

（3）建立健全层级责任制

根据新媒体技术的特点和思想政治教育进网络工作的需要，在领导干部和学生思想政治工作干部队伍中，一定要强化责任意识，系统制定相关的规章制度，明确权责关系，做到逐级落实，努力形成"党委领导、党政结合、强化行政、齐抓共管"的大学生思想政治教育工作一体化的运行机制。这样做，有利于高校党政领导驾驭思想政治教育工作的全局，有利于把构建思想政治教育共享社区模式纳入党政领导的职责之中。

2. 预警机制

预警机制，是高校思想政治教育共享社区模式运行机制的保证。所谓新媒体时代高校思想政治教育预警机制，就是通过多种渠道，准确了解共享社区内的不同时期、不同专业、不同年级学生群体的思想动态和经济状况，分类储存不同信息，建立思想政治教育预警信息数据库，及时发布各类预警信息，增强高校思想政治教育的前瞻性和针对性。一方面，通过论坛、网上调查、咨询热线、消费信息等形式，了解学校学生生活、学习、就业等方面的实际状况，了解他们对社会热点、重大国际国内新闻事件的评价等方面的思想信息，提高教育的针对性；另一方面，通过浏览其他网站等形式，及时了解校外学生思想动态，为本校的思想政治教育提供有益参考信息。这样，思想政治教育预警机制通过对校内外各种信息的收集、整理和分析，全面了解大学生的思想倾向和实际困难，及时掌控网上存在的有益的信息、片面的思想观点和有害的社会认识以及它们可能对主流价值体系的促进或冲击，为共享社区的教育管理部门及早提供应对策略，使不正确的认识和思想及时得到解决，引导高校思想政治教育共享社区模式健康发展。

3. 调控机制

调控机制，是高校思想政治教育共享社区模式运行机制的重要手段。所谓调控机制，是指将思想政治教育的调控作为一种有目的的教育实践活动，教育者采用符合教育要求的调整方法，改善受教育者的思想状况和教育环境，使其符合某种要求。新媒体时代，网络信息庞杂多样，良莠不分，因此，高校思想政治教育应建立他律和自律相结合的监控管理机制。他律就是要建立和完善有关规章制度，规范网络动作，加强对局域网、校园网的管理，充分利用现有的监控管理技术，建立信息进出校园网的"海关"，筑起信息防火墙，净化网络空间；自律主要是指提高学生自觉、自愿的网络道德意识，注重大学生的自我管理，注重网络法制意识和责任意识的培养，增强自我服务意识，规范网络行为，培养网络道德自律的能力。在具体实施中，高校应坚持技术监控和人员监控并重的方针，从两个方面入手：一方面是制订监控内容的标准，明确监控的对象或范围，这是实施监控的前提条件；另一方面是实行技术监控与人员监控相结合，大力开发适应高校网络思想政治教育需要的监控软件，培养网络思想政治教育的专职监控员。与此同时，还要根据实际情况，适时地对高校思想政治教育原定计划和方案进行调节、修正、补充与完善，通过优化调控，使思想政治教育的计划更加完善，内容更具前瞻性，重点更加突出，措施更加得力，方式更加科学，效果更加明显。

4. 保障机制

保障机制，是高校思想政治教育共享社区模式运行机制的基础。所谓保障机制，是指对思想政治教育起保障作用的诸要素相互作用、相互影响、相互制约的关联方式，它是一个复杂的系统，能够保证思想政治教育工作正常、有序进行，使思想政治教育的各种计划得到落实。从构建高校思想政治教育共享社区的需要出发，当前应加强四个保障。

（1）内容保障

高校思想政治教育共享社区是以在校师生为主要受众，要把社区建设成师生向往的精神家园，真正发挥共享社区在大学生思想政治教育中的作用，必须着眼高校实际，精心设置富有针对性和吸引力的教育内容。

①建立思想政治理论课专题网站

高校思想政治教育共享社区建设应以马克思主义、毛泽东思想、邓小平理论和"三个代表"重要思想、科学发展观、习近平系列重要讲话为指导思想和政治导向建立专题网站，旗帜鲜明地发表评论，进行积极引导，对错误思潮开展批评。例如，高校思想政治教育工作者可以把课件、讲义、案例、讨论题等挂到网站上，教师围绕学生提出的热点、难点、疑点进行解答，把教学的内容从课内延伸到课外，从课堂上延伸到网络上，增强政治理论课的吸引力、感染力，提高教学效果；可以将焦点网络信息引进思想政治理论课教学内容之中，对其进行唯物辩证的分析和科学的说明，取其精华弃其糟粕，对积极健康有益的信息予以肯定，使其成为思想政治理论课教学的有机组成部分，对消极有害的信息垃圾予以理性批判，将其作为反面材料充实教学内容。这样不仅可以丰富和改进政治理论课教学，而且还可以进一步拓宽社区思想政治教育的空间。

②开辟思想政治教育特色频道

新媒体时代思想政治教育应尊重受教育者的需要和兴趣，强调从受教育者的个性出发,有针对性地进行教育以促进其个性的全面发展。这就要求高校思想政治教育共享社区的内容要多样化,高校可以通过建立特色频道来满足内容多样化的需求:建新闻动态类频道,包括校园速递、信息快递、热点聚焦等,主要体现网站的教育性和导向性;建教育特色类频道,包括思想理论、经典书籍、时事经纬、党团建设等,体现出思想政治教育主题网站的特色;建校园文化类频道,包括校园调色板、陶冶亭、网上沙龙、我的相册等,以青年大学生为主要对象,体现校园文化建设的特点和内容;建特色服务类频道,针对学生的就业问题开辟就业指导频道,针对家庭经济困难的学生开辟勤工助学频道,针对学生的心理问题开辟心理咨询频道,针对学生对名师的仰慕开辟名师个人主页等等。

③设置思想政治教育交互栏目

开展丰富多彩的网上思想政治教育活动时要充分利用网络的交互性特征,在共享社区内精心策划各种交互式栏目,从而提高思想政治教育的吸引力和实效性。高校可充分利用新媒体的开放性特征,开展融思想性、知识性、趣味性于一体的社区校园文化活动,形成浓郁的社区校园文化氛围,在潜移默化中促进大学生思想素养的提升,如创办反映大学生的学习生活和课余文化生活的电子刊物、网络道德问题辩论网上论坛、网页制作竞赛、网络文化艺术节等等。同时实现校园思想政治教育网络与其他媒体的整合,充分利用公共网络的资源,将其他大众媒体,如报刊、广播、电视、图书、录音、录像和户外宣传信息等链接到共享社区上,利用外围的网络思想教育网站,就大学生感兴趣的问题和大学生展开交流,为大学生提供形式多样的思想政治教育资源,增强思想政治教育的吸引力和感染力。

(2) 技术保障

技术保障是高校思想政治教育共享社区模式的常规保障,当前必须加强技术防范措施。

高校思想政治教育共享社区必须净化网络信息,必须对网络及网络信息进行有效的管理,从技术上解决网络管理的难题。网络信息的控制在于对信息的过滤、选择。面对有害信息的侵入,有必要通过技术、行政、法律等手段,控制信息源头,以达到正本清源的目的。如 IP 实名制管理是对网民进行有效管理的常规举措之一,目前高等学校已普遍采用了 IP 实名管理,做到了每台计算机责任到人,对用户的网络言论和行为形成了实质约束。IP 实名制管理的应用大大减少了互联网经济犯罪、政治犯罪、技术犯罪、文化犯罪和刑事犯罪的发生，有效规范了网络社会行为。尚未开展IP实名制管理的互联网管理机构，应当加快IP实名制的实施进程。又如内容屏蔽技术，是屏蔽非法信息网络传播的重要方法，有效抵制了非法信息的蔓延。网站自身屏蔽是网站管理团队应用技术手段对网站内部非法内容或关键字进行屏蔽处理，是阻止非法信息网内显示的重要方法，保证了网站信息的清洁度。今后高校应继续加强对网络信息的净化，通过各种方式引导大学生树立正确的网络观念。

（3）物质保障

高校思想政治教育共享社区模式的有效运行，必须以一定的投入作保障。为了提高高校思想政治教育的效果，尤其要在经费及物质方面加大投入力度。经费的投入不仅要包括经常性的理论教育经费、宣传教育活动经费，还应包括实践调研、社会调查的经费；不仅要包括图书资料的经费，还应包括音像设备、多媒体等方面的经费；不仅要为教育对象提供各方面的经费，还要包括教育培训、学习的经费；不仅要有室内设备，还应包括室外活动场所建设的经费。因此，要从当前社会的实际出发，使经费的使用效率最大化，以满足新媒体时代高校思想政治教育的需要。

（4）环境保障

高校思想政治教育共享社区模式运行必须有良好的环境保障，为此，高校必须加强以下几方面的建设。

第一，加强校园文化建设，营造积极健康的校园环境。校园文化对大学生具有巨大的感染力和渗透力。高校思想政治教育工作者应多组织以思想性、文化性、娱乐性和学术科技性为基本内容的校园文化活动，营造高品位、多层次、健康向上的校园文化氛围。积极健康的校园文化活动可以净化学生的心灵，鼓舞学生的精神，提高大学生的文化品位，增强自身的抵御能力，使他们不受消极网络环境的影响，同时引导大学生自主思考，培养其明辨是非的能力。

第二，加强网络法制建设，营造科学理性的法律环境。为适应新媒体时代高校思想政治教育快速发展的需要，我国网络立法应注意以下问题：在立法时间上要坚持适度性，即当某种涉法的网络事实发生或网络关系出现而需要法律规范去调整时，在一个合理的时间区内要依据网络环境和现实要求，尽快制定并实施相关的网络法律法规；在立法过程中要注意整体协调性，即针对网络侵权、犯罪的立法要相对完整、系统、全面，自成体系，同时针对网络的立法要注意与原有的刑法、民法、行政法等法律法规相协调、相补充；在制定网络法律时要注意针对性和准确性，力求避免似是而非、含混不清以至难以实施。

第三，加强思想道德建设，营造行之有效的道德环境。新媒体时代的网络社会应该和现实社会一样，有相应的道德规范，不应把互联网看成是道德管辖之外的"真空地带"。大学生在网络环境中的道德规范应是以电脑网络技术为媒介的调整人与人之间关系的社会准则，它既有对传统道德中优秀、合理部分的充分肯定、继承，又有对社会突变过程中产生的道德取向和道德规范的主动吸纳。当前，对大学生的网络行为加以规范已刻不容缓。为此，高校必须制订系统的网络行为准则，加强大学生的道德责任感教育，使他们养成良好的道德习惯，在上网时主动做到不乱闯禁区，不破坏网络系统等，自觉遵守网络规范。

（二）高校思政教育共享社区的运行方式

1. 注重三个环节的对接

（1）大力推进思想观念的对接，达成共同思想意识

相关主体要对新媒体时代的思想政治教育共享社区在认识上达成共识。资源的开放关键取决于社区主体和个人的认识。在传统意义上，社区组织所讲究的是上下级的关系，是纵向的，反映在思想政治教育中，则是受教育者的被灌输、被教育的关系。而社会的发展要求同时建立另外一种横向的结构，在这种结构里，各成员之间最重要的关系不是隶属，而是唇齿相依、共荣共损。任何一个成员都有义务、有责任为社区的发展作出力所能及的贡献，达成社区共建共荣的共识。此外，随着经济全球化趋势的日益加强和社会化程度的日益提高，尤其是新媒体技术的日益发展，信息沟通随之变得更加迅捷和广泛，各种思潮不断进行着冲突和融合，如国内传统文化和现代文化之间的冲突和融合；理想与现实之间的冲突和融合等等。主体意识不断增强的大学生是对这些冲突和融合最为敏感，也是最能产生影响的群体。因此，共享社区要以社会主义核心价值观为引领，实现思想观念的对接，达成思想共识，这是思想政治教育共享社区一切社区行为的基础。

（2）强化认知与行为的对接，养成良好的行为习惯

高校思想政治教育工作中经常面临这样的难题：知行不一。为解决这样的矛

盾，需要在思想政治教育中促进认知和行为的对接与超越。共享社区是一个系统，为个体提供了一定的约束机制。在社会主义核心价值观的引领下，共享社区中，信息协调员通过各种途径将社会要求的政治观点、思想体系、道德规范灌输给受教育者，影响受教育者的认知，并转化为个体意识和动机。同时，在这个社区大系统中，通过各种约束机制，促进认知与行为的对接，实现思想政治教育内化与外化的对接，使受教育者养成良好的行为习惯。

（3）实现虚拟社区与现实社区的对接，增强思想政治教育的实效性

新媒体时代，虚拟社会给有共同兴趣爱好的大学生提供了一种新的交流方式、新的工作方式，甚至一种全新的生活方式，这种新的社会组织形式越来越凸显出对当代大学生的影响力。与传统思想政治教育阵地相对固定、覆盖面窄、信息资源滞后的局限相比，新媒体具有最先拥有新信息、新资源，最先关注社会热点、体现时代气息等优势，成为开展高校思想政治教育最具时代性的新阵地。思想政治教育工作者必须充分利用新媒体技术，密切观察生活中的变化，尤其是要对那些反映时代特征的活动形式和内容予以格外关注，并结合思想政治教育的目标加以整合。因此，基于新媒体的共享社区建设，应该努力实现二者的对接融合，使高校思想政治教育更具时代性和实效性。

2. 加强各种资源的整合与共享

新媒体时代，数字化通信已然成为主流，各种各样的通信媒体更加支持各种资源的整合与共享。思想政治教育资源共享表现在以下几个方面：首先是共享优质课程资源。新媒体为思想政治教育课程资源的集聚提供了物质条件，思想政治教育资源首先有一个集中的过程，包括教材、教案、课件、案例等教学资源的集中和分布式网络所提供的各式各样的学习资源的汇聚。共享社区中的信息协调员，通过各种方法，将这些资源进行集聚再到集成，通过整合，形成优质资源。其次，学习经历资源的共享。在这个共享社区中，更多是以学习共同体为主，合作与协作将做到优势互补。再次，学习体验资源的共享，在这个共享社区中，所有人都成为学习者和教育者，知识在活动和互动中获得，思想政治教育更体现了过程性。这种基于媒体化层面的资源集成更加具有人性化，更重要的是能满足每个学生的个性学习需要，使每个人都能在共享的环境中渐进养成高尚的思想道德情操，逐步形成崇高的政治思想素养。

3.构建新媒体多元化平台

思想政治教育共享社区的最终目标，是提高整个社区成员的整体思想政治素质。传统意义上的思想政治教育载体的形态可以划分为课程载体、活动载体、管理载体、大众传媒载体、谈话及心理咨询载体，这些载体在共享社区中都各具特点，承担着不可或缺的重任。在思想政治教育共享社区里，除了将这些载体进行科学整合，形成合力之外，还要进一步拓展新的思路。为此，高校需要积极探索思想政治教育新阵地，以新媒体为技术基础，构建多元化平台，畅通信息传输渠道，促使思想政治教育常规化。例如，通过搭建微博平台，促进社区组织各成员之间通过电脑或手机进行多层次、平等性的交流，及时把握学生动态，广泛开展网络舆情收集。在复杂的多元化背景下，个性张扬的大学生在遇到人际交往方面的困惑时，并不太愿意直接面对面地和老师交流，类似这种情况，思政教育工作者就可以通过在线心理咨询的方式，积极引导大学生树立正确的健康的生活观、人际观，帮助大学生排解心中的郁闷情绪。时尚新潮的群共享或者讨论组则给大学生提供了一个大众交流的即时空间，成为大学生学习、生活依赖的喜欢的场所。学生和老师的共同参与，为及时了解和解决学生在学习、生活中遇到的实际问题创造了条件，真正在虚拟的网络世界里架起了一座师生心理沟通的桥梁。这种扁平化的方式，使高校思想政治工作的共享资源能够发挥更大的效益。

第三节　新媒体时代高校思政网络意见领袖教育模式研究

随着科技的日益更新与不断发展，人们越来越熟悉"新媒体"这一概念，并开始在日常生活中广泛地运用它。尽管新媒体为思想政治教育带来了很多的机遇，但由于其分散的特性，已经对"说话者"和"听众"之间的语言互动关系产生了诸多影响，这也使得在新媒体空间中进行思想政治教育变得更加困难，因为其表达可能会受到一定的限制，甚至出现"失语"现象。在新媒体的领域内，意见领袖具有巨大的影响力，这有助于教育工作者在新媒体上推广思想政治教育。作者将使用跨学科研究方法和比较研究方法，以探究新媒体意见领袖和思想政治教育之间的相互作用及其所产生的影响。同时，作者还详细探讨了新媒体意见领袖的思想政治教育功能，并提供了利于新媒体意见领袖更好发挥这种功能的方法路径。

一、意见领袖的内涵

（一）意见领袖的含义与特征

1. 意见领袖的含义

在社交媒体网络上，那些频繁分享信息并具有影响力、被称为"活跃分子"或舆论领袖的人，被定义为意见领袖。这些人经常被其他用户当作信息来源和决策参考的途径。他们通过在网络中进行信息传递，对形成大众传播效果起了至关重要的过滤或中介作用，这种作用可以被形象地描述为信息的"中转站"，即将信息从源头传递到受众，从而实现信息的传播和共享。意见领袖理论这一概念，最早可追溯到由保罗·拉扎斯菲尔德和伊莱休·卡茨所提出的两级传播论。在双重传播过程中，意见领袖扮演着关键性的角色。他们是那些最先或者更频繁地接触大众传媒信息的人，随后他们会通过个人思考加工这些信息并转达给他人。他们能够在一定程度上影响他人的态度，可以利用大众媒体进行介入，加速信息传播并扩大影响范围。一般而言，意见领袖往往具备吸引人的个人魅力，拥有出色的综合能力，并享有较高的社会地位或已经获得广泛的认同。他们常常在诸多社交场合扮演活跃的角色，对特定问题有深入的了解并愿意与他人分享相关信息。换句话说，意见领袖往往在某一领域内拥有专业知识和经验，并且广受大众信赖和敬重。研究表明，意见领袖对于决策过程起着至关重要的作用。在这个过程中，不同的传播媒介发挥着不同的作用。然而，人际影响是最为普遍和有效的媒介形式之一，借助自身的人际影响力，意见领袖可以在基本群体中维持一定的内部意见和行动的一致性。

意见领袖是一种社会现象，不同的社会、不同传播过程中都有所体现。尽管某些信息可以直接传达给广大受众，但要想让他们按照预期路线改变态度和行为，仍然需要意见领袖为他们解释信息并作出评价，并在态势上展开引导。由此可知意见领袖的影响力是不容忽视的。

2. 意见领袖的特征

第一，与受影响者保持平等互助的关系，而非主宰与被主宰的关系。意见领袖不一定都具备显赫名望，相反，他们往往是我们身边熟悉的人，我们的亲朋好友、邻居、同事都有成为意见领袖的可能。因为他们是为人们所熟悉、所依赖，所以他们的意见和观点往往更具有信服力。

第二，意见领袖并不是出自同一群体或同一阶层，社会中的任何群体、任何阶层中，都可能存在意见领袖。

第三，意见领袖的影响力包括"单一型"和"综合型"两种类型，这两种类型的表述方式截然不同。在当代城市社会中，意见领袖的主要特点集中表现为"单一型"，也就是较为精通某个特定领域的人，或者在周围人中具有广泛声望的人，都能够在该领域中成为意见领袖。然而在其他陌生的领域，他们可能与其他人相同，是普通的受影响者。传统意义社会或农村社会中的意见领袖，大多偏向"综合型"。

第四，意见领袖往往具备广泛的社交范围，所掌握的信息渠道也比较多，这使得他们能够传播高频率、高数据量的信息。

（二）意见领袖三要素

网络信息不断涌现，数量惊人，且增长速度快如闪电，规模之大难以想象，这些信息在互联网上竞争着有限的注意力资源。网络意见领袖需要在更加复杂的环境中工作，处理更多的信息，同时需要面对更高的门槛来形成和传播自己的观点，这就像是参加一场没有尽头的马拉松比赛，也是传统媒体意见领袖所不会经历的。针对网络意见领袖，人们通常会从技术角度来衡量其表现。在论坛中，其高发帖量和回帖量以及微博的高点击率和评论数可以在个人资料中清晰地显示出来。

但是，技术标准在认定过程中，仍有不足之处，无法让人们对网络微博舆论中的意见领袖产生全面了解。传统媒体中的意见领袖通常会涉及以下三方面的因素：首先，他们能够传达出某种价值观，这种价值观会吸引一定数量的追随者；其次，他们能够获取大量信息；最后，他们具备广泛的社会网络。近年来，各种关于网络微博舆论事件的分析见解数不胜数，网络意见领袖的认可标准已经发生了重大转变，这是由于网络舆论具有独特的形式以及特殊的发展历程。在网络活动中，若想成为"代表性人物"或"发言人"，必须具备以下几个特征：第一，需要有自己的发言平台，进而得以发表产生身份认同的话语；第二，需要在言行上身体力行；第三，需要在某个领域具备专业知识，同时也要保证个人品行端正、有号召力。这也就揭示了网络舆论意见领袖的关键特征。也就是说，网络舆论意见领袖的三大要素包括：具备公共领域关注价值观；拥有认知、判断和行动力等方面的优势；具备广泛的社会联系。如表 5-3-1 所示。

表 5-3-1　网络舆论领袖的三大要素

意见领袖类型	传统媒体意见领袖	网络意见领袖
要素一	体现价值	关注公共领域
要素二	获知大量信息的能力	认知—判断—行动能力优势
要素三	社会联系	社会联系的广泛性

第一，价值观具有草根性特征。与传统媒体的意见领袖相比，网络意见领袖更具普及性和基层性，他们的产生范围更广泛。同时，网络意见领袖的社会地位和价值观也不一定属于精英阶层。网络意见领袖是凭借文化和心理因素，比如发帖数、点击率和影响力等自然因素而崛起的有一定影响力的人物，而不是通过正式的组织任命或选举产生的。网络意见领袖的成员和普通网民的社会背景类似，二者都具备草根性。在社交媒体上，一些知名人士和名人虽然也能够引起广泛关注，但真正具有价值观的意见领袖通常是那些来自草根社群的人。

第二，能够对网络信息产生一定认知、一定判断，具备行动力，在认识素养、处理信息的态度、行为方式上具备一定的权威，并受到一定数量的人的信赖。在认知方面，关键在于深入理解信息并准确地应用它。网络意见领袖比一般网民更具有网络素养，他们往往会灵活掌握最新的网络交流技巧，对网络世界中重要的事件和历史有更为独到的见解。他们注重从多个角度对事件进行评估，凭借自身的独立思考能力和广泛知识储备，能够表达对网络事件的看法和观点。在实际操作中，网络意见领袖不仅能够身体力行地承担责任与外界压力，而且不怕阐述个人观点，能够积极推动公众了解最新的网络事件，进而吸引传统媒体的关注。如果必要，他们也会积极介入事件，以推动事态朝着符合社会前进的方向发展。

（三）确定意见领袖的原则

1. 习性相近原则

意见领袖通常与受其引导的人在价值观和对待生活的态度上呈现高度一致。然而，意见领袖往往与其所影响的群体在个人兴趣和专业技能方面存在一定区别。

有研究表明，如果意见领袖与某个群体的观点较为相近，那么这个群体与意见领袖的意见交流往往会更加频繁。

2. 社会地位原则

从社会地位的角度来看，意见领袖的地位通常稍微高于他们所影响的群体，但这里的"高"并不会十分显著。地位的差异对于意见领袖施展影响力而言是比较关键的，因为稍稍高出的地位会使意见领袖在说服他人时拥有更大的说服力。

3. 教育程度原则

通常情况下，意见领袖是在某个领域具备专业知识或近乎专业的人，他们的受教育程度往往超过他们所影响的群体。除此之外，意见领袖获取信息的途径也比他们所影响的群体更加多样化，并且他们还有更多的机会去参加各种超出他们自身圈子的活动。

4. 信用原则

与商务界的销售人士或推广人士不同，意见领袖并非某个特定公司的利益代表，因此，他们能够获得他人的信任。意见领袖一般会投入更多时间去深入研究产品，因此他们对产品的了解更加丰富。

5. 个性化原则

意见领袖的个性化水平应与受其影响的群体接近，不可存在明显差异。无论其实际的动机是什么，个性化总是让意见领袖更容易吸引他人的关注。因而，意见领袖在其所影响的群体中通常会展现出较为开放和自信的特点，也会宽容地对待他人的批评。

二、大学生网络意见领袖的引导与培育策略

（一）改进思想政治教育内容和传播技巧，增强吸引力

通常情况下，高校采用思想政治理论课作为基本思想教育形式，旨在为大学生提供政治理论知识和正确的思想道德观念。通过学习思想政治理论课，大学生可以系统、全面地掌握相关理论知识，进而形成正确的思想道德意识。在传统的思想政治理论课程教学中，教师通常采用单向传授的方式，而学生则被动接受，这种模式虽然可以快速地让学生掌握大量的理论知识，但学生缺乏主动参与和自

我表达的机会，这在很大程度上影响了思想政治教育的效果，大学生的主体性也始终无法得到发挥。尽管大学生网络意见领袖的出现减弱了思想政治教育者的影响力，但这也促使教育者们更加重视教学内容的具体性和个性化，以满足更高水平的需求。随着"互联网+课堂"浪潮的兴起，高校需要创新思想政治理论课程的内容和教学传播技巧，以更加吸引大学生参与和喜爱，从而提高其接受思想政治教育的效果。除此之外，这些教育内容还需要包含指导公众与大学生网络意见领袖在社交网络平台上正确引导舆论的规范，并且要广泛传播。

第一，思想政治教育者应该将当前的热点问题与伦理道德问题结合起来，深入剖析网络道德缺失的根源，推动网络思想政治教育建设，并积极指导大学生网络意见领袖。思想政治教育者可以通过开展道德实践活动，提升大学生的道德选择能力，并为其强调在网络伦理失范问题中，自律对于解决问题的重要性。同时，要指导大学生运用马克思的辩证唯物主义和历史唯物主义来观察和分析网络社会中出现的诸多现象，确保他们无论何时都发表正确的舆论。

第二，在进行思想政治教育的过程中，思想政治教育者需特别关注教育传播内容的即时性、重要性和贴近性特征。思想政治教育者必须跟上时代的步伐，不断推陈出新，及时更新思想政治教育的内容；要积极宣传正向价值观，提倡真善美，尽其所能地强化思想政治教育的科学性；要针对大学生以及大学生网络意见领袖的需求，提供与他们实际情况相契合的教育主题和内容，从而有效解决他们的实际问题。

第三，及时改善思政教育方法，提高思政理论课的受关注度。思想政治教育工作者应该打破传统的教师教、学生学的思想束缚，不断改善教育方法，来吸引大学生网络意见领袖积极参与到课堂教学中，比如组织大学生参观博物馆、制作主题视频进行课堂教学等。通过这些方式，思想政治教育工作者可以激发大学生对思想政治理论课的浓厚兴趣，同时感悟其中蕴含的思想政治教育真谛。以此为基础，思想政治教育工作者可以潜移默化地影响和熏陶他们，引导他们利用所塑造的正向思想规范自己的言行举止，从而有效遏制大学生开展网络社会生活的负面情绪。

第四，改变教育观念，更新思政教育传播技巧。大学生网络意见领袖往往会以平等友好、公正、平易近人、独立而不失幽默的品格获得大学生群体的信赖与追随，这无形中使得思想政治教育者的受重视程度慢慢降低，因此思想政治教育者需要及时改变教育观念，及时更新思政教育传播技巧，以适应新的角色需求。

（二）明确高校职能部门职责权限，加强监督与管理

为了更有效地开展高校思想政治教育，高校思想政治教育工作者必须深入了解大学生的内心想法，并制定针对性的教育措施，以达到事半功倍的效果。网络上具有较大影响力的大学生，即与大学生级别等同的网络意见领袖为实施这些教育措施创造了良好的条件。所以，为了让大学生网络意见领袖在引导舆论和成为榜样方面发挥更大的作用，同时推动高校网络思想政治教育的健康发展，校内不同部门之间的协作需要大力加强，其中包括宣传、教学、学生工作和网络信息中心等部门。网络舆论引导的重要窗口是学校宣传部门，他们负责宣传国家党政方针，推广学校制度文化。学校宣传部门需要制订传播规则，以顺应互联网管理规定和校园舆情发展趋势，并且这些传播规则旨在激励大学生网络意见领袖积极传递正面内容，同时这些传播规则可以对那些对舆情造成不良影响的领袖进行教育引导。此外，该举措旨在明确信息传播的标准，确保言论自由不会危害校园声誉。教学部门应当特别注重教授大学生网络基本知识和网络行为规范，要及时制订恰当的考核方式和评估体系，加强对大学生网上思想政治教育的支持，同时提高他们的媒体素养，以培养有影响力的网络言论领袖。教学部门还要增强学生事务部门的培训和监督，确保学生辅导员团队得到充分的支持和指导；要拓展教师与学生之间的交流渠道，以便高校教育工作者更好地了解大学生的生活状况；要密切监测大学生的网络表现，并加强对大学生网络意见领袖发布的信息的监管。网络信息中心是高校网络监管的主要平台。高校领导应该认识到，作为塑造学生群体舆论重要力量的大学生网络意见领袖，他们应该被吸纳到高校教育管理机构中，以便更好地对大学生群体进行管理和引导。为了鼓励大学生网络意见领袖在网络空间发挥更积极的作用，高校应采取一系列奖励措施，同时制定相应的惩罚措施，以推动他们树立更良好的网络形象。针对那些在网络上发表积极的言论和行为影响力大的大学生，高校可以通过提供实习机会或一些生活费用等方式，给予一定程度的激励和奖励；针对那些在网络上不断散布负面影响的言论和行为的大学生网络领袖，高校需要及时提供有关教育和警告，以使他们改变思考方式，向合格的意见领袖慢慢转变，避免错误思想在大学生群体中扩散。

（三）创设民主平等对话环境，畅通意见表达通道

在网络时代飞速发展的当下，我们需要改变传统的思维模式，特别是在培养大学生的网络意见领袖方面。我们应该倡导平等互动的理念，创造出一个民主、平等的对话环境，让大学生在网络上自由表达自己的想法，不应该通过"权威"来限制他们的言论自由。只有充分尊重和认可大学生网络意见领袖，他们才能以真实客观、理智冷静的态度参与公共言论的讨论与发布，深入思考与热点话题和校内焦点相关的问题。举例而言，高校可以考虑定期与具有社交媒体影响力的大学生进行交流，就当前社会关注的重要话题展开讨论，以推动双方之间相互理解与合作的促进；可以考虑利用在线交互的方式邀请当事人，就相关话题展开讨论和在线分析；可以即时为大学生网络意见领袖提供重要公共事件和争议话题的真相，促进人们对这些话题的思考和讨论，从而提升大学生群体的认知水平。当然，高校需要积极报道这些事件，并进行详细分析，引导网络意见领袖在全面了解真相的基础上，客观陈述自己的观点，以免虚假信息在网络上肆意蔓延。通常情况下，大学生网络意见领袖会利用自身的优势来发表评论，从而在大学生社区中建立一定的影响力。这样一来，网络意见领袖的言行就有可能影响很多大学生，激励他们去改变自己的发展道路。对此，高校内的思想政治教育工作者应主动融入广泛使用的互联网平台，及时关注大学生思想变化，鼓励公正自由的言论氛围，并尊重他们自由表达的权利。同时，要积极回应学生关注的问题，使得双方的沟通渠道足够畅通。

（四）加强心理健康教育，合理调控情绪

在大学阶段，大学生需要全面发展自身能力，包括社会适应能力和内在素质的提升，还要全力完善自身的人格。然而，成长过程中的冲突和矛盾也给他们带来了压力，因此，他们往往需要寻找一种途径来宣泄负面情绪。在这种情况下，虚拟网络空间成为一个适合他们释放压力和情绪的天地，但互联网上不断涌现着大量抱怨和迷茫的贴文，如微博和微信等网络社交平台。当涉及影响大学生权益的事件时，大学生网络意见领袖将采取多种措施推动事件进展，以确保大学生的权利受到保障。在这一过程中，有些大学生的心理素质较为脆弱，不太敢随意发表自己的意见，更倾向于寻求他人的支持。于是，他们会选择寻找大学生网络领

袖，将其当作自己的最佳支持者。大学生在发布或分享网络文章和网络帖子时，可能会有多种不同的动机，且这些动机的顺序可能各不相同。其中，有的大学生想要表达自己的想法，寻求他人的帮助，渴望得到尊重和认可，需要倾诉自身的情绪，或是引起公众的关注，同时也有一些大学生，只是单纯地希望打发时间。如果大学生在网上发表言论时没有得到及时的引导和纠正，就可能出现盲从、好奇心、寻求关注等动机，这些动机可能导致他们的性格出现偏激、心理出现障碍等问题。所以，在大学生的教育中，加强心理健康方面的指导和支持，可以在很大程度上帮助他们调控情绪，进而有效预防他们在网络上出现不良行为。

大学生心理健康教育在思想政治教育中占据着重要的位置。因此，高校应该以大学生网络意见领袖的思想实际为基础，向他们提供一些基本的心理学知识，帮助他们塑造正确的网络心理，以提高他们适应环境改变的能力。同时，高校要组织教师进行必要的心理学知识培训，并关注大学生网络意见领袖的日常行为方式和精神状况，积极与他们进行交流，及时控制负面信息对其的干扰，从而提升他们的网络安全意识。

三、新媒体时代网络意见领袖在思政教育中的应用

（一）提高大学生网络意见领袖的综合素质

在形成大学生网络意见领袖的机制方面，高校应当重视培养其素质修养，其中包括提升文化素养、塑造良好的品格修养、培养良好的网络媒介素质、加强思想政治素质、提升说理能力以及培养快速反应能力等。

1. 要有一定的文化素质

网络意见领袖的涌现源自网民自主选择，而不是基于任何法规或被指定。因而，这些在网络上具有影响力的人，往往拥有更大的信誉和权威。大学生网络意见领袖想要吸引受众，就不能仅仅机械地重复别人的观点，应该对相关问题有自己独到的分析，而他们能够做到这一点的前提，是他们具备足够的文化素养。只有通过掌握科学文化知识，大学生网络意见领袖才能更全面地领悟社会主义核心价值观的意义；只有深厚的科学文化素养，大学生网络意见领袖才能准确地分析和回答社会关注的热门话题，从而使高校受众群体对其立场产生信心和认同感；

只有拥有充分的科学文化知识，大学生网络意见领袖才能自如地回应网络上对其权威性的质疑。所以，高校应重视培养大学生网络意见领袖的科学文化素养，激发他们的自主性和创造性，鼓励他们积极参与社会生活，与人民群众保持紧密联系，从而使其成为网络舆论引导的中坚力量。从另一角度看，大学生网络意见领袖应该更加平易近人，让人容易接近，并善于运用自己的知识来解答民众的疑问。大学生网络意见领袖在思想政治工作中要充分发挥自身专业知识的优势，以提升自身的权威性，使广大人民群众与普通大学生更加信任和认可自己。

2. 加强自身品格修养

作为一种普遍的教育活动，思想政治教育旨在通过教育措施，使接受教育者认可社会主义核心价值观并激发其真善美的力量，进而传递积极正面的思想。因此，对于在网络上扮演意见领袖角色并从事思想政治教育的人而言，他们的道德素养显得异常关键。受教育者对思想政治教育者传授信息的信任程度与后者的道德素养密切相关。所以，网络意见领袖需要保持高尚的品格，并让自己的言行一致，这样才能在受众中获得更多的信任。

3. 提高自身网络媒介素质

对大学生网络意见领袖而言，网络是他们主要的发声平台，因此，站在他们的立场看，提高在网络媒体方面的技能和素养是至关重要的。媒介素养是指个人在处理媒体信息时所具备的一系列能力，其中包括选择最佳途径的能力、深入理解的能力、提出质疑的能力、评估信息可信度的能力、创造内容的能力、展开思辨的能力。网络媒介素养包括正确领会、识别和创造网络信息的能力，以及正确理解世界和熟练运用网络媒介的能力。所以，大学生网络意见领袖应当提升以下几个方面的网络媒介技能素质。

（1）熟练掌握新媒体技术

大学生网络意见领袖应紧跟网络动态、紧抓社会热点，及时掌握信息并积极发表自己的见解以及予以回应。另外，网络意见领袖需透过多种新媒体平台，发表个人立场言论，以争取更多网民的支持。在这种情况下，具备一定的新媒体技能就变得非常必要。大学生网络意见领袖应该深入了解学校论坛的操作规则，并积极参与那些备受关注的话题讨论，还要通过引导话题的传播，在社会舆论场内表达自己的观点和见解。想要与普通大学生成为网友，大学生网络意见领袖需要用有效的沟通技巧,在和他们交流时,要表现得亲切平等。而与学校媒体进行互动时,大学生网络意见领袖要考虑如何使其影响力深入大学生的日常生活中。与其他网络意见领袖进行互动重点的在于利用他们的影响力,提高自身曝光度与影响力。

对于大学生网络意见领袖而言,议程设置能力是需要具备的,他们要能够吸引网民的关注,并能够使得自己想要表达的观点与网民的关注点相契合。在成功引起网民的注意后,大学生网络意见领袖必须时刻关注网民的讨论进度,及时纠正偏差,对于歪楼、水楼等现象必须迅速进行修正。

(2)具有社会责任心

网络意见领袖往往因具备软性影响力而被广大网民自发推选出来,其权威性并非因政府或其他机构的授权而获得。因而,网络意见领袖具有独特特质。当前的网络环境异常多变,人们在任何时刻都可能遭遇新的挑战。为了吸引网民的注意力,许多网络意见领袖倾向于使用夸张或不实的言辞来博取关注。这些言辞的广泛传播为政府的信誉带来巨大的压力。所谓"网络无改稿",即网络媒体的稿件一旦发布出去,就不能再轻易进行修改,而传统媒体在发现错误后有时间和机会进行更正,修正错误,这是二者较为明显的区别。因此,网络意见领袖应当对自己发布的信息以及转发的信息负起责任,在追求被关注的同时,不能忽视信息的真实性,并且要严格把关转发的内容。

(3)遵守相关的法律法规

大学生网络意见领袖应当遵守与网络有关的法律法规,进而成为广大普通大学生的上网榜样,还要凭借个人的影响力引导普通大学生依法使用互联网,并通过个人的努力不断完善新媒体相关法律法规。

4.加强思想政治素质

从某种程度来说,大学生网络意见领袖是普通大学生的网络教育者,这就要求他们自身具备足够水平的思想政治素养,主要包括以下几点。

第一,要具备政治意识。大学生网络意见领袖要时刻谨记党的基本政治路线。始终秉持党的原则、把握党的大政方针要义,并保证始终坚定不移地坚持党中央的指导。当面对有损党、有损国家利益的言论时,他们要及时予以纠正。

第二,要具备服务意识,时刻谨记"全心全意为人民服务"的原则,要对自己的身份有清晰、正确的认识，不能只关注自己的学习、生活，还要尽可能地协助同学。面对错综复杂的互联网世界，大学生网络意见领袖必须及时整理各种信息，以便为同学们提供解答和清晰的指导。

第三，要具备平等意识。大学生网络意见领袖要时刻谨记自己和普通网民是平等的，要及时梳理广大网民的需求，及时为他们答疑解惑。

第四，大学生网络意见领袖应具备敏锐的问题洞察力，能够在最短时间内迅速了解问题全貌，并及时向上级汇报，以防范未来可能出现的风险。此外，大学生网络意见领袖应具备良好的问题提出能力，善于引导网友就某一问题积极展开讨论，并积极促进问题的解决，努力发挥自身的积极影响力。

5. 具有一定的说理能力

想要成为大学生网络意见领袖，必须具备一定的说服能力，因为网络世界里存在很多不同的社群。对于大学生网络意见领袖来说，想要影响网民的想法和行为，需要运用恰当的语言表达，善于借助言辞的力量，让他们赞同、相信其言论。这就像政治家说服选民时一样，语言表达需要精准、犀利而有说服力，才能达到预期效果。分辨对错是网络意见领袖表达观点的必要前提。大学生网络意见领袖应该敢于反驳网络上的不正确言论，不应使用官方语言或者套话，而应尽可能用简单明了的语言清晰地表达自己的观点和理据。

6. 具有快速反应的能力

在互联网时代，信息传递的速度可谓飞快，某一微小事件很快就能够迅速传遍整个社会，引起广泛关注。应对突发事件时，"黄金四小时"至关重要，这指的就是及时发布相关新闻，在事件发生后的4小时内完成信息处理。作为网络上的具有影响力的人物，大学生网络意见领袖有责任及时回应信息，积极与网友交流，并设法获取事件的第一手资料，快速澄清不实言论，公布真实信息，引导大众舆论向积极的方向发展。

（二）要注重引导与管理大学生网络意见领袖

高校思想政治教育工作者应该以关注学生为主要出发点，正确对待大学生网络意见领袖的影响力。在引导和管理大学生网络意见领袖方面，应采取疏堵并重的措施。所谓的"疏"，即当进行网上思想政治教育时，高校思想政治教育工作者可以把网络看作是一种互动平台，在保证监管的同时，给予大学生网络意见领袖一定程度的自由,以帮助他们锻炼理性思考的能力;所谓的"堵",即在阻止不良言论传播、限制网络资源时,高校思想政治教育工作者可以使用各种网络技术手段。网络自由化给高校思政教育带来了严峻的挑战,因为大学生在网络上阐述的观点呈现出多种多样的特点,而发表意见的又不乏一些网络意见领袖。高校思想政治教育工作者应该疏而不堵,因为只有这样才能更好地发挥思想政治教育的作用,而不是盲目地禁止大学生发表任何言论。首先,高校思想政治教育工作者要重视对大学生网络意见领袖的引导及其发表言论的调控。由于缺乏社会经验以及信息获取能力有限等因素,大学生网络意见领袖的判断可能存在误差。因而,高校思想政治教育工作者有必要及时与这些意见领袖进行交流并表达尊重和理解,以避免掩盖或回避问题。其次,高校思想政治教育工作者需要更好地管理那些在网络上拥有影响力的大学生,也就是网络意见领袖。第一,要先收集大学生网络意见领袖的信息并建立数据库,对其言论进行及时监测,并建立反应机制,以削减不良言论为大学生群体带来的负面影响;第二,必须在第一时间发布官方消息,以控制谣言的传播;第三,对于不当言论制造者以及严重违反法律法规的行为,高校要给予相应的惩罚。总而言之,对于大学生网络意见领袖的管理,高校思想政治教育工作者应该以引导为主,而非试图操纵他们的一言一行。这就需要高校思想政治教育工作者耐心和细致地展开教育工作,通过真挚的关怀和细致的培育,让大学生受众真心认同并激发情感共鸣,从而让他们成为思想政治教育活动不可或缺的力量。

(三)改进传统思想政治教育的内容和形式

随着大数据时代的到来,信息传播已经打破了时间和空间的约束,网络上充斥着大量的信息。相较于传统的思想政治教育工作者,大学生网络意见领袖因为对网络技术的运作较为熟悉,所以更容易被广泛关注,其"粉丝"数量要远比传统思想政治教育工作者多。此外,传统思想政治教育的教育形式显得单调、缺乏灵活性,所传达的内容也呈现出死板枯燥之感,这导致无法有效地提高思政教育的实际效果。基于这种情况,思想政治教育工作者需要对思考方式和教育形式进行更新,以增强思想政治教育的实用性。

首先,从内容角度看,作为思政教育工作者,需始终紧跟时代潮流,积极弘扬社会主义核心价值观。在挑选要传播的内容时,思政教育工作者应优先考虑由权威机构发布的消息，并且需要认真挑选所选内容的来源，以确保广大学生群体能及时接收真实可靠的正式消息。另外，思想政治教育工作者发布信息时应当从大学生的日常生活角度出发，选择与大学生们的生活息息相关的信息，以此增进师生之间的情感联系。思想政治教育者还应该积极支持并帮助大学生网络意见领袖，在处理突发事件时，应该迅速提供准确的信息，并积极回应相关问题。

其次，从形式角度看，思想政治教育工作者应该探索新的工作方式，并重新审视自己的工作理念。当今大学生渴望独立自主、自由自在，而且希望有自己特色的个性，他们已经对以宣传与规训为主的传统教育方式失去信心。因为传统的思想政治教育语言往往采用固定的模式，教学语气相对沉闷，缺乏活泼和趣味。所以，进行思想政治教育的人需要熟悉网络用语，可以考虑使用一些流行的网络词汇与同学沟通，帮助缩小双方之间的距离并提高教育效果。

第四节　新媒体时代高校思政矩阵教育模式研究

一、新媒体矩阵的内涵

（一）新媒体矩阵的概念

新媒体矩阵是一个由多种新媒体形式构成、基于互联网数字技术的媒介系统集合，它具备组织性特征、统一性特征、变化性特征、自由组合性特征、立体性特征，能够帮助思政教育工作者进行思想引导、进行内容创造、开展主流传播、实现文化演绎和进行舆情监控，同时这些媒体形式之间存在相互支持、相互补充和相互验证的联系，共同呈现出动态特征。

新媒体矩阵是一个复杂的动态系统，由多种新媒体媒介元素构成，具有类似于矩阵的特征。其中，这个动态系统包含了多个新媒体媒介特征，这些特征随着教学主体、客体和环体的改变而变化。然而，所有这些变化的根本目的都是实现相同的教育目标，因此它们之间相互作用并维持着一种动态平衡。作者认为，新媒体矩阵并非单一功能的孤立矩阵，它能够在空间和时间上利用不同的新媒体（如微信、微博、APP客户端等），相互取长补短，提高各自的功能、价值和使用效果。虽然单独运用新媒体的效果非常显著，但各种要素在新媒体矩阵中相辅相成，彼此之间也存在一定的局限性。新媒体矩阵可以将不同的新媒体整合在一起，使它们互相补充，进而发挥出更大的效果，实现教育效益的最大化。这种整合能够使得单一的新媒体无法达到的功能得以实现，呈现出"1+1>2"的态势。

（二）新媒体矩阵的功能

1. 思想引导功能

当前，大学生正处于一个至关重要的时刻，确立正确的世界观、人生观和价值观是他们在校园时期的重要任务。由于新兴媒体，尤其是互联网的日益更新，其匿名性特征和时空跨度使得一些不利信息被传播到传媒中，这可能会对大学生的思想观念产生不良影响，导致他们形成错误的思维倾向。因此，为引导大学生形成正确思想，网络思想政治教育逐渐发挥作用，且这种引导作用的重要性愈发明显。因此，高校需要更注重利用新媒体平台引导大学生的思想。高校应该善用新媒体矩阵，围绕马克思主义的主导思想，恰到好处地运用同质性特征和多样媒介手段，为大学生提供全方位的理论教学和实践教学，从而让高校思想政治教育工作者在课堂、生活以及实践中，积极引导大学生去探索不同的思想道德教育，培养他们正确的世界观、人生观和价值观。具体而言，高校需要融合新媒体矩阵的理念，将深入浅出的大学生思想政治教育内容与年轻人感兴趣的事物相融合，充分发挥新媒体传播的特点和规律上的优势，将核心价值观引导贯穿于新媒体的各个角落，使之在多个方面得以体现和传播，最终为大学生提供多样化的学习方式和内容丰富的思想政治资源。

2. 主流传播功能

虽然在中国，新闻媒体一直是主要的信息传播渠道，但随着新媒体的快速发展，各类媒体开始采用融合技术，以紧跟社会发展的步伐。主流媒体的最终目标是以中国的基本情况为依据，以服务最广大人民群众的利益为导向，其主要作用是引导舆论方向。而在大学校园中，主流媒体承载着学校的信誉和权威形象，对于校园文化和社会影响力的塑造与传播十分关键。通过大学主流媒体的新媒体平台或新媒体矩阵，高校可以进一步强化大学校园内马克思主义主流意识形态的传播，同时将主流信息精准传递给广大学子，以巩固主流观念在大学内的影响力。

新媒体矩阵在互联网上创造了大量未经认证和审查的内容和信息，并且这些内容和信息可以自由地扩散传播。由于互联网在信息层面具备独特的匿名性，发布者可以不透露自己的身份，在发布消息时无须经过认证监管。然而，要核实虚假信息的真实性并追究造谣者的责任，需要投入大量的人力、物力和财力。在这种情况下，主流信息传播网络平台需要及时发布准确的信息，以避免发生上述情况。

教育部目前已经成功地利用新媒体矩阵，有效地普及了网络思想政治教育，并且收获了显著的效果。教育部运用新媒体媒介融合的方法进行了创新和改革，即从传播方式、传播途径、传播内容、受众群体、运营方式等多个方面进行彻底革新，从而成功将富媒体数据转变为新媒体矩阵的传播核心。新媒体的集成式传播平台"微言教育"是以文字、音频、视频和图表等多种形式为基础，具备个性化、即时互动的特点，受到大学生群体和思想政治教育者团队等各种人群的热烈欢迎。教育部的新媒体矩阵已推动人们养成了在移动设备上阅读的习惯，同时微博、微信、美拍等短时传播方式也已经广泛传播并大受欢迎，成为一股潮流风向。教育部坚持以主流观点为基础，利用新媒体矩阵进行普及方式和模式的重塑。如今，各种新媒体矩阵层出不穷，成为主流传播的重要渠道。以复旦大学的"复旦党建学习平台"为例，它综合利用了新闻报道、故事情节、漫画绘画以及视频等多种形式的信息，巧妙地运用了新媒体的传播方式和手段，为大学生提供了更加有针对性的内容解读。这种高效的新媒体传播策略，为广大大学生在网络思想政治学校方面提供了有力的支持。

3. 文化演绎功能

文化演绎，也是新媒体矩阵的显著特征之一。目前，在新媒体平台上，网络文艺作品的种类日益增多，内容多种多样、形式各异，相比传统的大学生网络政治教育方式具有更加显著的特点。这些文化作品不仅能够让大学生体验到独特的娱乐体验，还包含着重要的网络思想政治教育价值，这是由于这些作品在相当程度上吸引了大学生的注意，进而推动了大学生和网络思想政治教育工作者之间的互动，是联系双方的重要桥梁。高校思想政治教育工作者可以利用新媒体矩阵中的内容制作功能，用文化演绎的方式表达网络思想政治教育的内涵。这种方法能够帮助大学生在欣赏、理解文化作品的同时，接纳并学习教育内容，从而以更高效的方式实现学习目标，达到事半功倍的效果。在当前大学生网络思想政治教育中，新媒体矩阵的文化演绎是一种极具创新意味的教育方式，同时也是网络文艺融入大学生网络思想政治教育的有效途径。

借助新媒体矩阵的文化演绎功能，大学生网络思想政治教育者可以通过艺术化表现和文化阐释手法进行教育创新，进而有时代特色地呈现教育内容，且创新后的教育内容可以与马克思主义意识形态相结合。另外，这个方法还可以有效地降低大学生对灌输式教育的反感情绪。通过新媒体矩阵进行文化演绎，高校思政教育者可以更加有效地向社会传播大学生在网络思想政治教育中所得到的教育体验、经历和情感，这将为他们在学业和生活方面提供有益的引导和正向协助。为了对大学生进行思想政治教育，高校思想政治教育者可以采用多种文化元素，将中国传统民俗文化、社会公益文化以及全球艺术文化等文化元素融入教学过程中，以丰富教育内容。同时，高校思想政治教育者可以运用微视频、微戏剧等多种形式来传播思想政治教育内容。虽然在基于新媒体矩阵文化演绎方面，不同类型的作品存在差异，但它们有一个共性：它们都具有探讨思想政治教育主题、响应其宗旨、能够对大学生成长产生积极影响的特点。

4. 舆情监控功能

在当下的新媒体时代中，舆情监控是新媒体矩阵功能的重要组成部分。新媒体矩阵涉及舆情收集者和舆情把关人的双重职责，不仅能够在舆情发生后及时搜集相关信息，还能够精准地判断舆情，帮助人们妥善处理突发问题。

通常情况下，思想政治教育工作者对于舆情的有效掌握，主要依靠新媒体矩阵抓取和分析大学生网络信息，监视的范围涵盖微信、微博等社交媒体平台。思想政治教育者利用新媒体矩阵收集和提取的信息，寻找并发现有价值的舆情状况，以动态跟踪的方式科学分析大学生发表的言论，从而构建行之有效的定期分析机制。通过掌握突发事件舆情信息的分布，思想政治教育工作者可以了解大学生的舆情状况，其中的核心工具就是新媒体矩阵。

目前来看，大学生所处的言论氛围正在不断发生变革，其中涉及诸如重要的政治事件、关乎大学生自身发展的信息，以及引发社会关注的热议话题等重要方面的内容。就这些时间点而言，新媒体是最快速、十分高效的信息传播和发布渠道。借助新媒体矩阵，教育者可以实时地分析和监控舆情，以便在舆情刚刚出现时采取及时的应对措施。采用新媒体矩阵，教育者可以定期制作报告，以便深入了解某一时间段内公众舆情的特点以及大学生们对此的态度和心理。这个措施不仅能够给大学生提供有关网络思想政治教育的指引和支持，同时也能够为教育工作者提供启示和协助。另外，从舆论监测环境角度出发，教育工作者需要鼓励社会公众积极参与，在线下和线上媒体的支持下建立全社会范围、全方位的舆情监测体系。同时，还需全方位地关注影响学生成长的舆情环境。

（三）新媒体矩阵的主要特点

1. 有序性

新媒体矩阵并非简单地将账号或平台的成功叠加，它更像一个综合有序的有机体。在搭建新媒体矩阵过程中，充分的市场调研和用户调研可以确保利益主体的利益最大化，也可以确保矩阵的构成要素与当前需求相契合，而不是盲目地使用冗杂的元素。在新媒体矩阵的运营过程中，每个构成要素都应该以最大利益目标为中心，展开分工合作，发挥各自独特的功能，保持有序的运作状态。

2. 一致性

新媒体矩阵的一致性体现在两个方面：首先，所涉及的各方利益的一致性；其次，确保经营目标的一致性。尽管通常情况下，新媒体矩阵由各种账号或平台构成，但其实背后维护这个矩阵的利益主体都是同一组织或同一个人。在新媒体矩阵中，各个元素虽然在用户定位、内容定位、业务分工、功能侧重等方面有所不同，但它们都共同服务于一个统一的运营目标或传播目的，进而开展某些活动。比如说，传统媒体创设的新媒体平台旨在推广信息和社会价值；新媒体网络建设在企业中的主要关注点是经济效益；政府部门所建立的新媒体矩阵则以政治效益为主要关注点。

3. 互动性

互动是新媒体与传统媒体在特征上的关键区别，也是新媒体矩阵的一个显著特征。除了能够促进传播主体和用户之间的互动，新媒体矩阵还具有更重要的作用，即促进矩阵内不同成员之间的互动，从而实现以个体为基础的全方位传播。

4. 动态性

新媒体矩阵的形成离不开媒介技术，其中，矩阵成员的变动是不可避免的。新媒体矩阵的形成与利益主体的目标定位密切相关，不同时期的利益主体，发展目标往往不同。因此，在构建新媒体矩阵时，我们要保证足够灵活、足够变通，这也从侧面反映出新媒体矩阵具备动态性特征。

5. 多样性

新媒体矩阵的元素能够呈现出多样性特征，但并不是所有传播活动都需要调动新媒体矩阵的所有元素。有效途径之一是以具体传播活动的目标和人群为基础，将新媒体矩阵的若干元素有效结合。此外，矩阵内的各元素也可以重新结合，产生新的矩阵。例如，"央视新闻"，不仅有"两微一端"矩阵，还有"三微一端"矩阵。

二、高校思政工作新媒体矩阵建设的SWOT分析

（一）优势分析（S）

1. 内容更加权威和真实

随着科技不断发展，每个人都可以拥有自己的"麦克风"，这样的媒介环境的覆盖面越来越广。在当今社会，人们虽然可以尽情享受个性化表达的乐趣和信息资源的丰富便捷，但却经常困扰于消息来源混乱、虚假信息泛滥的乱象，而那些经验不足的大学生往往会遭受更多的负面影响。在这种情况下，大学生们对高校思政工作新媒体矩阵的官方身份以及所传播信息的权威性和真实性给予了高度认可。

2. 较高的覆盖率和阅读率

在网络世界中，各种新媒体平台彼此之间不断角逐，竞争愈加激烈。不同公众号的竞争，主要聚焦于覆盖率的大小，即关注用户的数量，以及用户阅读发布的内容的次数，即阅读率。根据实践观察，大学生群体对于很多微信公众号的内容关注度比较有限，而高校思政工作新媒体矩阵的优势在这种情况下便更加能显现出来。通常情况下，新媒体矩阵的建立与组织结构密切相关，主要依赖于学校、学院和班级等组织单位。学校利用组织动员的方式，可以确保矩阵在学校内得以有效覆盖。从另一角度来看，思想政治工作新媒体的矩阵所发布的内容能够更加接近大学生群体，不论是在时间上还是在空间上，都具有极高的亲和力和相关性，正是这种优势，使得这些内容的阅读率相对较高。

（二）劣势分析（W）

1. 发布内容质量低

在提升竞争力的过程中，媒体必须秉持"内容为王"的基本准则，这同样适用于思想政治工作新媒体。要想实现思想政治教育的目标，高校新媒体必须提供高品质的内容，否则无法吸引学生足够的关注。虽然学校的思政类新媒体会经常发布一些内容，但是多数人觉得这些内容存在某些问题，比如说无用赘述、缺乏实际的运用、话题范围过于狭窄、说教意味浓重、与大学生实际生活距离过远等等。出现这种情况，是由于许多新媒体内容制作人员还没有完全适应快速的发展变化，还把新媒体视为传递和发布纸面信息的单一渠道，这就导致思政工作新媒体发布的内容无法与移动互联网的对话环境相契合。此外，新媒体的相关发布人员缺乏内容策划、版面编辑和图片拍摄等专业技能，这也是制作高质量内容过程中的难点。

2. 不能及时对热点事件作出反应

根据相关调查研究表明，当社会热点事件浮现时，通常伴随着多种社会心态的集中展现，这同时为高校进行思想政治教育提供了最佳机遇。尤其是在事件的发生和演变过程中，学校有责任积极表态，深入分析事件的背景和发展情况，向学生提供清晰明了的解释，以消除他们的疑虑。然而，在实际操作中，高校思政工作的新媒体平台常常需要经过一系列审批程序，这些程序会耗费大量的时间，无论是选题策划还是内容发布，都不得不经过这一程序。因此，很多时候，高校不能及时对热点时间作出回应。所以，高校思政工作者需要耗费更多的时间来建立新媒体矩阵并形成合力来进行宣传。

（三）机遇分析（O）

1. 高校重视新媒体环境下的思政教育

在"互联网+"被提升为国家战略后，高校开始认识并高度重视"互联网+思政教育"所能发挥的重大教育作用。现如今，我国许多高校已经建立了自己的官方微信公众账号，并开始使用官方微博。另外，还有一些高校于今日头条、网易新闻等移动信息平台上设立了官方账号，并且建设了自己的新闻门户网站。同时，很多高校正在继续增加它们在硬件设备和新媒体员工配备方面的投资。此外，许多学校还为官方新媒体的发展投入了专项资金，这些资金主要用于组建团队、定期培训和购买各种硬件设备。一些高校制定了明确的规章制度，以确保各部门之间合作创作的新型思想政治教育文化产品能够在媒体领域展现出更突出的特色。以上各种方法，都有助于高校创建新的思想政治工作媒体平台，并营造积极的氛围。

2.大学生的媒介素养有了显著提升

"媒介素养"是指通过学习、实践和积累经验所得的处理不同媒体的能力。这种能力有智力层面，也有非智力层面，涉及知识水平、技能、情感以及价值观等多个方面的要素。大学生的媒介素养水平直接影响他们是否能准确理解信息、是否能从大量的互联网信息中分辨真伪。最近几年间，很多学者展开相关研究，结果表明我国在校大学生的媒体素养正不断提高。越来越多的学生已经掌握了在新媒体平台发布信息的技巧，他们也越来越希望在网络世界中参与社会事务，并逐渐培养了识别虚假信息的方法与能力。这为高校思想政治工作新媒体平台提供了思想依据，使其得以发挥应有的思想教育作用。

（四）威胁分析（T）

1.会受到新媒体平台的冲击

随着人们对表达自我的需求的日益增长，新媒体平台也在不断创新和拓展自身的功能和特色。第一代新媒体平台，如网络论坛和聊天室，曾经解决了人们对即时沟通的渴求；而第二代新媒体平台，如博客、微博、微信公众号等，则更好地满足了人们多元化表达的个性需求。众所皆知，短视频应用如抖音、快手等以其迅猛的发展势头，吸引了大批用户加入。这些新一代的新媒体平台对微信公众号等新媒体平台在用户留存和商业价值方面带来了市场竞争层面的挑战。随着信息传播技术的不断进步和展示方式的更新，大学生的关注度变得越来越宝贵和难得。新媒体矩阵在获取这些关注度资源的过程中，必须应对来自多个社交媒体平台的激烈竞争，而这些平台也是高校构建新媒体矩阵过程中的最大的挑战之一。

2.运营者在观念、技术和制度等层面的滞后性

就高校思政新媒体矩阵而言，运营者团队主要由宣传、学生工作部等行政部门的工作人员和思政教学教师组成。这些人通常会因为时间和精力受限，以及专

业知识不足等原因，难以及时适应社会媒体形势的变化。为了有效构建思政工作的新媒体矩阵，运营者团队应始终将满足学生需求置于最高优先级，只有以此为基础，才能成功开展思想引领和价值观教育。这样一来，传统思政教育的教学理念便会迎来诸多挑战。从技术角度看，新技术的出现提升了新媒体内容的表现力和感染力。然而，尽管这些技术有益于教师们的日常教育工作，但想要掌握它们，高校思想教育工作者们需要花费不少的时间和精力。对于大多数教师而言，由于他们已经忙于日常工作，需要付出相当大的学习代价。从制度角度看，大多数高校在思想政治工作方面还没有成功建立适应新媒体时代的矩阵运营考核机制，缺乏相应的奖惩制度，这也在一定程度上限制了相关人员的积极性和创造性的释放发挥。

三、高校推进思政工作新媒体矩阵建设的战略选择

任何一个组织选择最佳经营战略的关键在于对其所具备的优势（Strengths）、劣势（Weaknesses）、机遇（Opportunities）和威胁（Threats）四点要素。在对经营战略进行选择时，组织需要考虑各种因素，制订出最优的解决方案。通常情况下，根据常规操作，基于SWOT分析，我们可从四种基本战略中作出选择。具体包括：SO策略，利用自身的优势和外部机遇，来实现公司的发展和增长；WO战略，采用自我完善并结合外部优势以实现增长；ST战略，采用一种策略，既要善于发挥自身优势，又要有效地应对外部威胁，以保持竞争力；WT战略，采取强化自身优势、削减自身弱点、对抗外部威胁。

（一）推进高校思政工作新媒体矩阵建设的 SO 战略

1. 满足大学生对真实信息的需要

经过实践检验，作者发现在不同高校、不同专业、不同年级的大学生群体中，都普遍有对信息真实性的共同需求。尤其是在当今信息充斥网络世界的时代里，这种需求变得更加显著。在现今社会中，大学生们非常需要接受指导，需要有人能够帮助他们理解复杂的社会事件，并且为其提供合理分析、合理建议，以带领他们朝着正确的方向发展。这一问题为高校思想政治教育工作者构建新媒体矩阵提供了机会。在推进思想工作新媒体矩阵建设的过程中，高校应强调官方形象，

以确保所发布的信息足够真实、足够权威。同时，高校应坚持培养学生从思政工作新媒体中获取相关信息并进行深入分析的习惯。除此之外，高校还需要组织校内的专家学者，共同讨论和撰写关于当前热点事件的评论，其过程特别要强调事件与学校或学生的相关性。同时，高校思想政治教育工作者可以利用思政工作矩阵来表达观点，以进一步深入挖掘热点事件的意义和影响，确保大学生获得真实精准的信息。

2. 调动更多部门参与矩阵建设

高校思政工作新媒体矩阵具备独特的资源和优势，这使得其他自媒体平台无法与之相媲美，这些资源与优势也是促进矩阵建设发展的最有利因素。为了将这一因素变为真正的优势，高校需要在顶层设计方面下功夫，不断优化现有机制，让各个部门更加积极主动，以便其能够致力于发掘自身工作、大学生思想政治教育、各种新媒体平台的契合之处。

（二）推进高校思政工作新媒体矩阵建设的 WO 战略

1. 充分发挥矩阵合作的作用

高校思政工作新媒体矩阵不是一种简单的新媒体集合，而是一个具有协同合作有机性的整体，这也是其被称为"矩阵"的重要原因。在新媒体矩阵中，在合作和协同作用有效发挥的情况下，内部互动效率得到提高，并且相互之间的互补作用也将变得更加强有力。这种合作是构建新媒体矩阵的逻辑基础之一。在高校推进思政工作新媒体矩阵建设之前，必须先确认关键平台。高校可以选择两到三个主要的新媒体平台，以其他平台为辅发布相关的原创内容或分享核心平台的信息，双方相互协作，以实现目标。这种方法可以引领思想，并形成协同效应。但需要注意的是，就协同层面看，每个新媒体平台都应该保持其独特性，不能受其他平台的影响。

2. 培养优秀的矩阵运营团队

要建立一个有效的新媒体网络矩阵，需要出色的运营团队来为其提供前提和基础。然而，在校园内各类自媒体活跃的背景下，我们可以发现，思政工作新媒体矩阵的运营人才普遍存在短缺现象，这是由于师生流动性较高，团队缺乏足够的稳定性。此外，基于共同兴趣组建的自媒体团队往往更加投入和积极，因为他们有共同的兴趣爱好作为联系点，而新媒体运营团队需要更多的时间来建立联系，因为他们的连接点通常是工作任务而非个人喜好。为了弥合这个短板，高校必须高度注重培养运营团队。高校可以聘请专门的教师来进行指导和培养，以形成一个稳健的核心运营团队；可以汇集相关职能部门和教学单位的人才资源，而后挑选出具备通讯员和特约记者特质的杰出人才，形成一个周边运营队伍，以发挥不同人才专业化和兼职化的优势。此外，高校还应该注重学生团体合作能力的培养，要积极促进学生对思想政治工作新媒体的规划、制作和传播的参与。这样的实践可以让学生的综合素质在团队协作中得到提高，进而使其通过反思总结，不断进步，形成团队内部良性互动和知识传递的正向循环。

（三）推进高校思政工作新媒体矩阵建设的 ST 战略

1. 保持校园内覆盖率的优势

新媒体矩阵的创建目的是方便、高效、及时、准确、全面地向学生传播思想政治教育内容。高校思政工作相关的新媒体天然具有优势，在订阅和关注方面更易吸引在校学生，这源于学校对其权威的认可及"校院班"三级组织架构的大力支持。这种优势是高校思政工作新媒体矩阵所独有的，应当不断地加强和弘扬。值得注意的是，高点击率并不总是与高阅读率相同。如果学生只是注重使用社交媒体平台，而对于在这些平台上传的信息无动于衷，那么高校思政所做的新媒体工作很难取得成效。所以，高校在新媒体平台上推广思政工作需要灵活运用多种技巧，以吸引更多读者进行阅读。

2. 打造网络思政教育工作闭环

管理学里的闭环思维是指将完成任务的过程划分为四个重要环节：计划环节、执行环节、检查环节和优化环节，通过不断循环这些环节，并不断提升工作水平和质量，逐渐积累更多的经验和技能，从而有效实现任务目标。为了形成网络思想政治教育工作的闭环，高校思想政治教育工作者必须持续举办各类线下活动，如举行阅读分享会、开展问答解惑活动等，以便与线上宣传工作相得益彰。这些措施旨在让学生能够接触到思政工作新媒体矩阵宣传的内容信息，让学生从实践经验角度感受网络思政教育的实际价值，从而为其提供有针对性的帮助和指导。高校网络思政工作新媒体矩阵的优势在于其能够实现与学生群体真正的互动和联系，这是其他自媒体平台所不能做到的。

(四)推进高校思政工作新媒体矩阵建设的 WT 战略

企业竞争中的 WT 战略强调要发挥自身的优势,专注于擅长的领域并集中资源,规避自身的短处,从而创造比竞争对手更优越的条件,获得竞争优势。类比到高校中,在推进思政工作新媒体矩阵建设时,高校需要明确哪些是应该做的,哪些是不应该做的。比如说,校园自媒体通常以轻松幽默的方式表达,而这正是它们的主要特色。因此,思政工作的新媒体矩阵并不需要对其加以模仿。高校思想政治工作新媒体要在保持亲切热情的同时,表现出其独特的特质和风格。很多高校的校园自媒体有时会采用设计有奖互动、点赞抽奖等活动来吸引更多的关注,以期在短时间内提升曝光率。这些活动的本质与思政工作新媒体矩阵的特性不相符,且长期实施,不利于高校思政工作新媒体影响力的提升。因此,高校思政工作新媒体需要尽力避免开展此类活动。就总体而言,思政工作新媒体平台的布局策略并不是一成不变的,高校自身需要在实践中不断尝试探索,找到最符合本校实际情况的方法。

四、新媒体矩阵对大学生网络思想政治工作的启示

(一)大数据技术推动网络思政发展

随着互联网与新媒体的蓬勃发展,大量信息源源不断地涌现出来。大学生网络思想政治教育的引导和教育,因受到大学生自身成长特点的限制,发生了一些变化。总的来说,当前大学生网络思想政治教育面临的难题主要有三个:第一,思想政治教育要求足够完整,但与此同时,其也与大学生多样化的思想之间存在矛盾;第二,大学生网络思想政治教育存在着信息传递的稳定程度与大学生思想信息的多样性之间不够契合的情况;第三,大学生思想个性化与思想政治教育的政治化要求不相融合。

新媒体矩阵结合大数据技术,可以有效解决上述大学生网络思想政治教育中的三个难题。通过分析新媒体媒介中反映出来的大学生的喜好特点,思想政治教育者能够及时把握大学生的思想状态、情感状态和心理状态,从而正确地、科学地引导大学生的瞬时意识。换句话说,基于大数据的应用,新媒体矩阵能够使大学生的实时状态信息能够被精确、迅速地收集和处理,以满足思政教育工作者的

教育需要。

另外，应用大数据技术，高校网络思想政治教育者可以分析大学生的日常行为，通过捕捉高频词汇和行为，深入了解他们的心理状态，从而针对他们在学习和生活中可能存在的问题展开深入探究，提前进行预防性教育，促进他们在思想道德和意识形态方面的健康成长。通过这种引导管控体系，大学生可以在快节奏的学习和生活中体验到自身个性化和多样性的不断强化，同时也能接受正确的思想引导，形成积极健康的人生观和价值观，这不仅能够满足大学生的需求，还能有效地加强高校思政教育工作者对意识形态的引导。

（二）新媒体矩阵促进高校意识形态引领体系的形成

高校网络思想政治教育的对象是大学生群体，而大学生是中国未来发展的中坚力量，他们的成长与发展对于推进中国现代化建设和实现中华民族伟大复兴的目标具有极为关键的影响。随着新媒体技术日益普及，未来大学生可以更加迅速地获取最新信息。然而，新媒体也会带来许多负面影响，许多大学生逐渐将其视为学习和生活的唯一依赖途径。这种情况可能会给大学生带来意识形态方面的问题，使其面临一定的困难和挑战。所以，随着新媒体平台的流行，今后大学生在接受网络思想政治教育的过程中，要注意关注和研究常用词汇的演变，了解日常思想行为所使用词汇的趋势变化，这一点也是高校思想政治教育工作者需要做的。高校思想政治教育工作者要指导大学生深入理解和积极支持党的方针政策，推行中国特色社会主义道路，要基于马克思主义理论和哲学社会科学研究成果，通过教育和讲解等手段来提升思政工作新媒体的教育成效。

大学生思想行为高频词汇是指在发生突发性和刺激性事件后，大学生通常会使用一系列的单词和短语来表达自己的观点和立场，这些单词和短语通常来源于互联网的各种媒介。在一定程度上，这些常用词汇可以反映出大学生在思想和行为上所处的状态，教育者可以通过引导这些词汇，有效地塑造大学生的意识形态，这一举措的教育意义是十分重大的。随着互联网的高速发展，大学生将面对大量涌入的信息，并且这些信息随时都会对他们的成长产生不可预测的影响。现在，新兴的媒体途径为大学生提供了一个了解自己、表达自己内心情感的手段。如今，新型社交媒体平台，例如微信、微博等，为大学生提供了一个平台，使他们有机会就社交热点事件表达自己的想法和观点。此外，通过这些新媒体，他们还有机会与其他大学生或不同人群交流和互动。这些社交媒体上不断出现的热门词汇可以反映出大学生对当前社会舆论的看法。

另外，新媒体矩阵在未来可以为大学生的网络思想政治教育提供有效帮助。借助最新的社交媒体平台（例如微信、微博等），教育者能够与大学生一对一地进行沟通和交流，这有助于提升教育过程的平等性和民主性，也可以更好地满足大学生独特的思想和表达需求，还可以促进师生之间进行更深入的思想、精神和情感互动和交流。不受时间、地点限制，高校师生之间的交流会变得容易，不仅可以避免面对面时的尴尬，还可以更流畅、更真挚地进行沟通。并且，这些计划将使用全息成像技术，即虚拟成像技术，并在新媒体系统中加以落实。这样，即使身边没有大学生网络思想政治教育者的引导，学生依然可以获得独特、真实的思政教育体验，进而推进大学生网络思想政治教育者的隐性渗透和有效引导。

随着新媒体技术的不断普及和大数据时代的到来，大学生网络思想政治教育的焦点已经从"为什么"转变为如何引导和防控可能出现的问题。通过分析和筛选大学生的行为数据，高校思想政治教育工作者可以更有效地影响和引导他们的思想，潜移默化地塑造他们的正确世界观、人生观和价值观。同时，这种教育和影响是隐藏的，不会干扰他们的正常学习和生活，可以让他们在日常使用新媒体媒介时获得正确的信息和观念，进而规范其思想和行为，避免他们在舆论影响下迷失方向或受到不良影响。

在未来复杂多变的网络环境里，高校党委需更加重视引导学生正确的思想与思维，了解并掌握学生思维的时代特征，从而在网络思想政治教育领域把握发展趋势，实施有针对性的教育策略，构建具备针对性的顶层设计，以促进该项工作落地实施。要形成一个全面的高校思想引领机制，需要高校内部各部门通力合作，从校内党委设计整体的管理策略出发，行政人员全力配合落实执行，不同职能部门各司其职，学院管理者时刻关注学生的动态和变化。同时，新媒体矩阵未来还需要积极融入合作中，互相促进共同发展。高校党政部门可以利用新媒体工具矩阵，将其作为重要的教育手段，以了解和参与大学生的思想动态，从而深刻认识和感知学生的思想意识形态的转变与发展。为了更好地引导大学生的思想意识形态，未来的高校党政人员应该全方位了解大学生常用的思想行为词汇，以更加准确地预测大学生思想意识形态的发展趋势,并进一步推动高校意识形态管理体系的完善。了解大学生常用词汇能够帮助高校管理者摆脱传统思维的桎梏,进而在制订体制机制和软硬件建设方面规划出更加切实有效的方案。此外,这种了解也可以为高校管理者与大学生之间建立起直接的沟通渠道,方便双方的平等交流,且该交流机制可以消除各种中介环节的干扰,使得高校管理层能够及时了解来自大学生的不同声音,同时掌握大学生思想和意识形态的未来发展趋势,引导他们树立正确的思想观和意识观,防止校园舆情事件的发生,从而维护平稳的校园舆情环境。

(三)新媒体推动网络思政教育生态系统构建

随着数字技术的不断更新迭代,众多新兴媒体媒介应运而生,它们以采用日新月异的数字技术和互联网技术为基础,其生命周期各不相同,但它们的存在具有一定的普遍性特征和特殊性特征。普遍性特征指的是新媒体媒介的产生、发展、顶峰和衰落都会遵循一定的周期性和时间规律。特殊性特征是指不同的数字媒体媒介因其基于的数字技术和媒体特点的不同,在生命周期方面有所差异,而且它们的寿命各不相同。另外,年轻人对新媒体媒介的使用方式以及其与大学生成长的符合程度,也将对新媒体媒介的持续使用产生各种影响。大学生网络思想政治教育受到不同寿命的新媒体媒介影响,而产生不同的教育效果。通常情况下,长寿命的新媒体媒介更符合大学生的成长特点和使用习惯,因为它们更为稳定,容易被大学生所接纳。随着新媒体媒介的广泛应用和受欢迎度的不断上升,它对于教育引导的作用越来越明显。然而,一些新媒体媒介如果未能引起大学生的关注,其影响力将会逐渐衰减,甚至会被逐渐淡化,无法将实际作用发挥出来。

我们知道,要提高大学生的网络思想政治教育水平,重要的是确保教育的有效性,要推动教师和学生之间的良好的交流互动。预计未来,短视频将成为大学生网络思想政治教育的必要组成部分,因为它具备形式多样、信息准确且反馈及时等特点。利用视觉和听觉等多种感官互动方式,短视频应用如快手等成功地刺激了大学生的知觉系统,促进了各种形式的交流。因此,在未来,新型媒体媒介将得到广泛应用,而大学生群体将会接受这种方式的教育。

五、新媒体矩阵在高校思政教育中的实践

（一）构建新媒体矩阵

1. 掌握新媒体矩阵内在规律

高校网络思想政治教育的顶层设计核心是帮助教育者全面理解新媒体的本质特点和规律，并深入了解新媒体在教育中的工作原理与作用机制，这为高校思想教育工作者基于新媒体平台的大学生网络思想政治教育体系的设计提供了全面规划。大学生需要接受专业的网络思想政治教育指导，而高校管理层应该认识到新媒体的重要性，并积极适应新媒体平台对教育者的要求。他们应该转变教育观念，参悟新媒体矩阵内在运营规律，从战略和规划的角度来管理和利用新媒体平台的资源。高校可以把新媒体视为主要网络教育渠道，开展网络思想政治教育，充分挖掘新媒体的潜能，推动高校思想政治工作的开展，并不断改进大学生思想政治教育与传统教学方式在新媒体平台上的整合。这样，高校思想政治教育工作者就能够发挥新媒体矩阵的网络教育领导地位，利用新媒体平台开展网络思想政治教育的线上活动，以充分发挥其优势。

2. 把握思想政治教育内容与需求

精准定位是为了让大学生在接受思想政治教育过程中能够实现预期的教育目标。为此，高校思想政治教育者需要全面了解大学生的状态，以及他们接受教育的具体过程和相关因素。通过充分了解这些信息，教育者可以构建适合大学生的新媒体矩阵，以此达到最高效的教育效果。此外，要实现精准定位，就需要建立思想政治教育者和大学生之间的信息交流机制。通常情况下，精确定位可以被划分为两种不同的类型。其一，假如大学生已经足够主动积极，高校思想政治教育工作者可以考虑建立一个正面加强的新媒体矩阵，以进一步推动他们的思维能力提升；其二，假如大学生本身处于逆向状态，高校思想政治教育工作者需要创建新的媒体矩阵来引导和劝导大学生，培养他们正向思考的习惯，以确保思想政治教育的内容及时有效，符合大学生需求。

3. 提升思想政治教育实效

大学生思想政治教育需要进行一系列复杂而系统的工作，仅仅依靠教育者和受教育者很难有效提升其教育成效。所以，思想政治教育工作者应该采取多方面

的措施，采取多种方法，全面提升大学生网络思想政治教育的整体效果。

（二）新媒体矩阵的运用

1. 整合校内外新媒体资源

利用新媒体矩阵，高校思想政治教育工作者可以将校内与校外的新媒体资源整合起来，为大学生网络思想政治教育创造出有针对性的教育合力。

（1）组织、宣传、教育部门各负其责

大学生网络思想政治教育体系是由各部门、各单位共同构成的，而非单独存在的独立实体。现阶段，在高校就读的学生数量庞大。随着大学生群体人数的增长，学生的状态变得更加多样化和复杂化，仅依据现有的大学生思想政治教育师资力量，难以顺利地、有效地开展大学生网络思想政治教育，也难以取得预期的教育效果。因此，高校需要调动校内各部门的各种资源，利用新媒体矩阵的综合作用，建立密切的合作关系。以大学党委为核心领导，整合新媒体矩阵，致力于加强大学生网络思想政治教育工作，共同构建大学生思想教育合力。在大学生网络思想政治教育方面，党委应承担主要领导职责，而党政应分工合作，协调一致，宣传部门则需要担负起管控和引导的责任，而其他相关部门也应当积极配合。教学任务应由专业教师承担，而学生组织也应该积极参与并提供协助。除此之外，所有部门应该合作无间，明确职责分工，以确保没有任何责任被推卸或忽略。同时，高校可以利用新媒体矩阵，制订明确的目标分解清单，以便在建立合作平台时实现这些目标。高校想要提升大学生网络思想政治教育的效果，可以基于新媒体矩阵来加强思政教育的宣传推广，以便使所有教职员工和学生对这种教育方式的特点、优点、原理、实施方法有充分的了解。此外，高校还要激励教育者积极参与到新媒体生态系统的建设之中，以此推动大学生更好地融入教育领域，最终营造全校共同参与的正面教育气氛。

（2）发挥家庭教育作用

家庭教育有其独特的特点，其中包括持久的影响和难以察觉的渗透力。这种教育方式是其他任何教育系统所不能替代的。而网络思想政治教育对大学生有着极大的吸引力，能够在认知、情感、信仰和行为等方面深刻地影响他们，且这种影响会持续很久。因此，为了保证学生获得出色的教育成果，有必要发挥家庭教育的作用。为创造良好的网络思想政治教育环境，家长也应该尽自己最大的努力。

此外，考虑到家长对孩子的性格和思维特点最为熟悉，家长通过新媒体矩阵，可以更全面地对孩子的思维状态加以了解。此处的"新媒体矩阵"是一种综合结构，需要家长和孩子们在手机上使用各种新媒体进行，并且新媒体矩阵不仅仅是简单地将所有新媒体集中在一起，还形成了更为复杂的整体结构。在新媒体矩阵的帮助下，父母和孩子能够建立新的沟通渠道，这也有利于加强父母和学校之间的紧密合作，从而更有针对性地对大学生展开教育。

就当前社会情况看，大学生在网络道德问题方面受到的影响非常复杂。这种影响不能简单地被归因于某一单一因素，而是由多种因素相互作用产生的，其中，家庭因素对此具有重要影响。作为学生的指导者，家长可以被称为学生的"第一任老师"，应该重新审视传统的家教观念，创新教育方式，在平等和互相尊重的基础上，加强与孩子之间的沟通。大学生在成长的过程中，通常会逐渐培养出广阔的眼界和独特的思维方式。基于公正平等的对话，家长能够有效地减轻大学生的负面情绪，为其打造一个良好的交流环境，进而协助大学生及时消解疑虑。

（3）社会力量广泛参与

高校网络思想政治教育环境与社会环境之间必须建立相互依存的关系，以确保未来的发展。在接受思想政治教育时，大学生往往会受到来自外部的影响，这是无法避免的。因此，他们需要在一个良好的社会环境下接受网络思想政治教育。对大学生而言，社会环境既会带来负面影响，也会产生正面激励和教育作用，而正面作用要远胜过负面影响。社会各方力量相互结合，通过新媒体媒介将实际价值作用发挥出来。第一，政府的公共管理能力和公信力是最直接、最强大的。政府可以发挥重要的作用，制定相关法规政策，并不断修订，从而规范大学生在网络上的言语行为，并协助他们培养正确的道德思想意识。除此之外，政府还可以与高校展开合作，创建引导思想舆论的有效机制。在政策的指引下，高校需要负责完善这一机制，以便全面关注、引导和管理大学生的思想状态。第二，舆论影响。在新媒体平台上出现的各种观点和意见可能会对大学生带来不可估量的影响。积极正面的态度和观点有助于他们树立正确人生观和良好的世界观。相反地，消极负面的态度和看法很可能会引发大学生对政府、社会以及教育的不满，甚至是反感。因此，高校必须努力引导学生坚守主流价值观，充分利用新媒体平台促进社会共识的形成，以正确引导大学生的言论方向，确保他们能在健康的言论环境中成长。政府和高校可以利用新媒体平台,及时了解大学生的信息状态,清除不良言论,积极维护网络环境,为学生的成长提供科学指导。

2.及时关注学生特点

大学生网络思想政治教育的目标在于提高教育效果。尽管如此,当前的大学生群体呈现出极为多样化的个性特点,不同的大学生成长经历不同,这导致他们对教育的需求也有区别。新媒体矩阵具备针对学生特点进行有效关注的能力,能够及时准确地实现大学生网络思想政治教育需求的定位。

(1)多途径了解需求

通过使用新媒体矩阵,高校网络思想政治教育者可以更好地了解学生的心理变化和情感变化,进而全方位满足他们个性化的需求。通过对多种媒介的反馈信息进行分析,教育者可以更好地了解学生的思想状况,并选择最合适的教育内容和形式,以便更好地传播思想教育信息,并提高学生接受思想教育的有效性。使用这种切合大学生性格并及时响应学生需求的教育方式,通常可以在实现教育目标上事半功倍。目前,微信、微博等网络平台已成为大学生网络思想政治教育的主要渠道,备受广大大学生的欢迎。

(2)多角度定位内容

新媒体矩阵的主要运用目的是对教育内容进行定位。对于新媒体矩阵定位教育的内容,思想政治教育工作者往往需要注重学习者的需求和特点,对"网""人""场"进行定位。

①对"网"的定位

从有形管理到无形管理,对"网"的定位实现了转型和整合。网络为大学生的思想、学习、生活和社交等方面带来了深刻的变革与挑战,大学生们可以利用新媒体矩阵中的各种媒介随时随地了解全球时事,快速获取古今中外各类资料。由此,我们可以明显地看出,新媒体在搭建校园学生知识交流的平台方面起到了至关重要的作用,这些平台不受时空限制,打通了大学生学习、生活和社交方面的交流障碍,并且有力地提高了大学生的学习和社交技能。大学生网络思想政治教育者可以将新媒体矩阵作为渠道,了解和掌握大学生的思想状态。自网络思想教育诞生并在大学生中流行开始,它一直在对大学生的网络思维状态进行观察和评估,相关工作人员最初使用局域网实施物理监测,但现在已经扩展至新媒体技术，不仅可以实现物理监测，还可以实现虚拟监测。同时，新媒体的监测手段更具隐蔽性，真正实现了"润物细无声"的教育目标。

针对QQ群、微信群等，思政教育工作者的首要任务是对其进行实质性管理，以保证新媒体渠道能够得到有效监控。有形管理的目的在于实现明确和强制性的网络信息和行为控制，以实现实质性的管理目标，包括显性管理和刚性管理。现今，大学生群体在网络上尤其注重个人隐私，而互联网作为一种带有强烈隐匿性的媒介，更加强调这一点。因此，在QQ群或者微信群中出现的形式化的监管措施，必然会对大学生的个性表达产生抑制影响。另外，考虑到大学生自身情感表达易受冲击和摇摆不定的特点，对他们进行过于规范、低效的管理可能会限制他们自由地交流观点、表达思想，进而使得他们及时表达内心情感、得到他人的认可和尊重的想法与信心受挫。因而，采取具体实际的规管措施可能抑制大学生的自主性和独立性，从而导致其个人特质和内在需求被忽视。因此，思想政治教育工作者需要将物理性监管和非物理性监察融合在一起。利用新媒体的大数据功能，探究大学生在网络平台上的行为模式和兴趣爱好，推断其心理状态和情感状态。而后，思想政治教育工作者要加强大学生的网络思想政治教育，可以考虑采用激励、引导和暗示等措施。这些措施是通过隐性的手段对大学生进行网络思想政治教育，采用的是更为柔性的管理方式，并将思政教育融入了管理和生活。它既尊重大学生的成长发展规律，也与他们的心理特点、心理发展规律相契合。此外，这种管理措施有助于思政教育者与大学生平等对话，激发他们自我管理和学习的热情，使他们在不知不觉中接受教育、内化正确思想。

②对"人"的定位

从以往工具理性的角度出发，到人文价值的转向与统一，我们见证了一种关于"人"的定位的转变。利用各种工具实现最大化效益是工具理性的核心，它忽略了大学生的情感层面和精神层面，只关注目标的实现。因此，高校应通过利用网络媒介这一工具，合理地进行专门的教育，以此来提高大学生网络思想政治意识的效果。在实践教学中，工具理性指的是明智地使用工具，但是现在很多人滥用工具载体，只顾追求最大效益，而忽视了工具的根本价值。高校网络思想政治教育应更加强调激发大学生的自我动力及主体性，运用工具理性的方法来传授教育理念与内容。高校需要重视全方位地培养大学生的心理、情感和行为素养，这将有助于他们成为具备出色的自我认知、自我掌控和自我纪律能力的综合型卓越人才。当然，我们不能单纯地强调大学生网络思想政治教育而忽略了他们自身的需求，因为这种做法既无法满足大学生的需求，也未能有效促进他们的成长。此外，这也意味着大学生在接受网络思想政治教育时，所受教育的实际效益已经偏离了教育的初衷。

在互联网兴起初期，高校思政教育界的人本意识不太强，对于网络思想政治教育并不是十分重视。但是，思想政治教育者常常将大学生视为被动接受教育的客体，只顾灌输内容而未考虑内容是否适宜以及大学生的接受程度如何。随着网络媒体的不断更新，大学生对于网络思政教育的认识和看法也逐渐深化和多样化。目前，大学生在网络上接受思想政治教育的价值观逐渐完善，更加注重交流和互动，而大学生网络思政教育慢慢从过去的单向灌输演变为双向互动，其中，沟通交流已成为教育的中心理念。随着时间的推移，大学生渐渐开始认识到自我认知和思考的重要性，开始习惯于审视自己并发现自己需要学习的知识和技能，对自己的成长提出了一定要求。通过网络教育，大学生思想政治教育正在实现师生双向互动、互相学习、共同进步的目标。高校思想政治教育工作者应该尊重大学生的主体地位和主动性，要将他们作为推动网络思想政治教育实施和发展的中心，从而最大限度地发挥思政教育的作用，让大学生在步入思政教育正轨的基础上主动参与并获益。

习近平总书记在二十大报告中强调，要"用党的科学理论武装青年，用党的初心使命感召青年""要做青年朋友的知心人、青年工作的热心人、青年群众的引路人"[1]。通过接受网络思想政治教育，大学生可以将他们内心真实和积极的一面展现出来，进而建立正确的人生观和价值观，推动自身更好、更健康地成长和发展。大学生往往比网络思想政治教育工作者更加擅长于运用互联网和新媒体，因为他们是时代的引领者和先驱者。他们更善于利用新媒体来获取所需的知识和信息，以提高自己的学识、拓宽自己的视野。所以，在重视人性化需求的情况下，思想政治教育工作者应该积极运用新媒体矩阵开展大学生网络思想政治教育，以及时了解他们的实际情况并满足他们的成长需求，同时要尊重他们的个性特点，

---

[1] 中国青年网. 细细品读！党的二十大报告，总书记怎样勉励青年[R/OL].（2022-10-20）[2023-05-09].https://baijiahao.baidu.com/s？id=1747171956101065539&wfr=spider&for=pc.

在构建个性化的教育体系的基础上提升他们的整体思想道德素养。

③对"场"的定位

先注重形式，后注重内容，最终实现形式与内容的统一，这是对"场"的定位的转变和统一的体现。以另一种视角来看，大学生网络思想政治教育是通过网络工具的运用进行指导和管理的。高校网络思想政治教育在面向大学生的传播上包括两部分，即教育的内容和形式。新媒体媒介形式的效果在于，同一内容在不同组合方式下可能会呈现出截然不同的效果。此外，网络的不断发展使得教育内容必须具备针对大学生需求的特点，否则就会造成教育的有效性、针对性和时效性得不到发挥，难以吸引大学生的关注。也就是说，大学生更喜欢那些富有趣味性和创意的教育内容。如传统的红色网站和红色新媒体的内容和形式则难以满足大学生群体的多样化需求，而能吸引到大学生的往往是更为新鲜时尚的信息。为了使大学生更好地接受网络思想政治教育，我们应该尝试创新教育内容和形式，从而打破传统的束缚。这意味着高校需要将思想性、教育性、服务性和趣味性等方面进行教育融合，制作出符合大学生喜好的教育内容。此外，大学生网络思想政治教育的形式也在不断改进，现在抖音等媒体开始将影视制作融入大学生的日常生活，使得内容更加贴近大学生的实际生活和大学生的真实需求。换句话说，这些素材和材料充分利用了新媒体媒介的特点，更符合大学生口味。事实上，针对新媒体环境下的网络思想政治教育，高校必须寻求不断变化、灵活变通的方法和策略，不断加深对"场"的定位的理解。

（3）多渠道分析需求

第一，认知通道。当研究大学生对网络思想政治教育的需求时，思想政治教育工作者需要考虑他们接受信息的各种渠道，其中认知渠道是至关重要的一种。除了满足生活所需，大学生往往还需要追求精神层面的成长，以深化对人生的理解。在网络思想政治教育方面，大学生通常会选择与其有着类似想法、共同兴趣的同伴一起学习。也就是说，通过认知途径，大学生可以了解彼此对于思考、行为和情感方面的基准和理念。

第二，情感渠道。情感渠道是指教育者对大学生在接受网络思想政治教育时的情感态度进行分析和把握，实现教育效果提升的渠道。在进行网络思想政治教育时，情感渠道的重点在于满足大学生的情感需求，了解他们对不同议题的情感认知程度,以及他们是否具备积极接受、理解和践行网络思想政治教育内容的意愿和能力,并且这种方法可以为思政教育工作者提供具体针对的教育规化。由于大学生在社会、生活和学业方面面临着多重心理压力和需求,他们通常更偏向于在网络平台(例如微信和微博)上,用虚拟的方式来表达自己的各种情感。为了帮助大学生形成积极健康的思想和情感,思政教育教育者需要密切关注大学生的情绪变化,并与他们建立良好的情感交流联系。

第三,实践渠道。高校开展网络思想政治教育的宗旨是提高大学生的道德素养,引导他们形成正确的世界观、人生观和价值观。为了提高大学生的网络思想政治素质,高校需要强调实践教育,并积极利用新媒体矩阵了解他们的思想状况,及时掌握时代的需求和大学生所面临的挑战。当然,实践渠道也是评估大学生网络思想政治教育成效的一个重要方法。高校可以运用各种新媒体矩阵,观察大学生在实践中的心态变化和行为表现,将这些信息传递给网络思政教育工作者,以优化大学生的思想引导。大学生网络思想政治教育者可以整合多种新媒体矩阵的信息,然后通过点对点的社交媒体传播方式,为大学生提供及时的反馈和帮助,使其能够更好地理解所学的教育内容并践行。在这个过程中,教育者需要及时地检测发现问题并解决问题。同时,大学生在网络学习中不断接受相同教育模式下的不同内容,能够有效促进思想政治教育知识的内化循环。

3. 优化资源配置

在大学生网络思想政治教育过程中,新媒体矩阵扮演着至关重要的角色。通过利用互联网所带来的大量信息和资源,高校思想政治教育新媒体矩阵能够保证将这些信息快速传递给学生和教育者,充分发挥资源的作用。利用新媒体矩阵,高校可以有条理地配置资源,及时对资源进行调整和升级优化,以最恰当的方式向大学生提供有关问题的解决方案的信息和内容,从而满足他们的需求。

(1)实现资源内容多元化

运用新媒体矩阵,我们可以有效强化资源内容的多样化特征。大学生网络思想政治教育可以利用新媒体矩阵的吸纳能力,来开展各种内容相关的教育活动。通常来说,教育的内容包括网络文化教育、网络伦理教育、网络心理教育以及网络法制教育等方面的内容,而大学生在进行网络思想政治教育内容学习时,这四个方面的内容都要掌握。

（2）实现资源运用最大化

在新媒体矩阵的诸多功能中，实现各类教育资源的最大化利用是十分显著且十分重要的。在新媒体矩阵中，不同的新媒体拥有各自独特的特征与功能。经过分析整理，我们可以将这些功能和特点归纳为承载、包容、传导和启迪教化。在最大限度利用这四大功能的前提下，思想教育工作者能够最大化地发挥大学生网络思想政治教育资源的功效。

参考文献

[1] [美] 罗伯特·保罗·沃尔夫. 高校思政教育多元化发展研究 [M]. 北京：北京工业大学出版社，2022.

[2] 杨如恒. 新时代大学生思政教育 [M]. 石家庄：河北人民出版社，2018.

[3] 秦艳姣. 全媒体环境下高校思政教育新探索 [M]. 北京：北京工业大学出版社，2020.

[4] 刘珺，彭艳娟，张立军. 社会主义核心价值观与高校思政教育工作理论创新研究 [M]. 北京：新华出版社，2022.

[5] 张媛聆. 新媒体时代高校思政教育研究 [M]. 成都：四川大学出版社，2020.

[6] 潘传辉. 新媒体时代思政教育创新探索 [M]. 哈尔滨：黑龙江人民出版社，2019.

[7] 冯国营. 新媒体时代大学生思政教育挑战与创新 [M]. 天津：天津科学技术出版社，2018.

[8] 项洋. 新媒体视域下高职思政教育研究 [M]. 北京：九州出版社，2018.

[9] 曹东勃. 新时代高校思政育人探索（第1卷）新时代·新青年 [M]. 上海：上海财经大学出版社，2020.

[10] 王露. 新媒体时代大学生思政教育挑战与创新 [M]. 成都：电子科技大学出版社，2018.

[11] 宋烨，苏雅倩. 思政教育在新媒体时代的传播机制创新 [J]. 中学政治教学参考，2022（39）：103.

[12] 李晓有. 新媒体背景下高校思政教育创新研究 [J]. 淮南职业技术学院学报，2022，22（05）：25-27.

[13] 黄初杏．新媒体视角下高校思政教育创新发展路径研究[J]．淮南职业技术学院学报，2022，22（05）：31-33．

[14] 杨斌．新媒体时代高校思政教育发展新趋势[J]．中学政治教学参考，2022（38）：89．

[15] 厉海文．新媒体视角下的思想政治教育创新分析[J]．传播与版权，2022（10）：115-117．

[16] 罗碧纯．新媒体视角下高校思政教育创新思路研究[J]．现代职业教育，2022（35）：160-162．

[17] 倪娜．新媒体视域下高校大学生思政教育存在的问题及对策[J]．食品研究与开发，2022，43（18）：238．

[18] 郭楠楠．高校思政教育与学生管理工作有效融合的创新性研究[J]．佳木斯职业学院学报，2023，39（01）：70-72．

[19] 王翠萍．智慧思政：大数据时代高校思政教育的转型和发展[J]．长沙民政职业技术学院学报，2022，29（04）：68-70．

[20] 高琴琴．新媒体时代高校思政教育方法优化的研究[J]．江西电力职业技术学院学报，2022，35（12）：126-128．

[21] 周光玲．新媒体"轻传播"环境下大学生思想政治教育有效性研究[D]．南昌：江西财经大学，2022．

[22] 朱彬．高校思政教育网络资源建设研究[D]．南昌：南昌大学，2022．

[23] 周兴杰．高校思政课教学落实立德树人根本任务研究[D]．贵阳：贵州师范大学，2022．

[24] 鲁鲜亮．新时代高校思政课教学实效性研究[D]．昆明：昆明理工大学，2022．

[25] 王晓宇．"课程思政"的价值观教育研究[D]．长春：吉林大学，2022．

[26] 李娇娇．新媒体时代大学生思想政治教育话语创新研究[D]．济南：山东大学，2022．

[27] 许爽．新媒体时代大学生思想政治教育的创新路径研究[D]．长春：长春工业大学，2022．

[28] 支钰如. 新媒体时代我国高校意识形态建设研究 [D]. 上海：上海财经大学，2022.

[29] 唐婷. 新媒体时代大学生思想政治教育实效性提升研究 [D]. 重庆：重庆师范大学，2021.

[30] 宋艳霞. 新媒体环境下高中思政课教学实效性提升研究 [D]. 长沙：湖南大学，2021.